마법천자문의 학습 효과를 급수한자까지!

마법 급수한자

글 이유남 그림 서규석

6급-3

아울북

한자능력검정시험 안내

😄 한자능력검정시험이란?

사단법인 한국어문회가 주관하고 한국한자능력검정회가 시행하는 한자 활용능력시험을 말합니다. 1992년 12월 9일 1회 시험을 시작으로 2001년 1월 1일 이후, 국가공인 자격시험(1급~3급Ⅱ)으로 치러지고 있습니다.

🐣 언제, 어떻게 치르나요?

한자능력검정시험은 공인급수 시험(1급, 2급, 3급, 3급Ⅱ)과 교육급수 시험(4급, 4급Ⅱ, 5급, 6급, 6급Ⅱ, 7급, 8급)으로 나뉘어 각각 1년에 4번 치러집니다. 누구나 원하는 급수에 응시할 수 있으며, 응시 원서의 접수는 방문 접수와 인터넷 접수 모두 가능합니다. (기타 자세한 내용은 한국한자능력검정회 홈페이지 참조. http://www.hanja.re.kr)

😄 어떤 문제가 나오나요?

급수별 자세한 출제 기준은 다음과 같습니다.

한자능력검정시험 출제 유형

구 분	공인 급수				교육 급수						
	1급	2급	3급	3급Ⅱ	4급	4급Ⅱ	5급	6급	6급Ⅱ	7급	8급
읽기 배정 한자	3,500	2,355	1,817	1,500	1,000	750	500	300	300	150	50
쓰기 배정 한자	2,005	1,817	1,000	750	500	400	300	150	50	0	0
독음	50	45	45	45	32	35	35	33	32	32	24
훈음	32	27	27	27	22	22	23	22	29	30	24
장단음	10	5	5	5	3	0	0	0	0	0	0
반의어	10	10	10	10	3	3	3	3	2	2	0
완성형	15	10	10	10	5	5	4	3	2	2	0
부수	10	5	5	5	3	3	0	0	0	0	0
동의어	10	5	5	5	3	3	3	2	0	0	0
동음이의어	10	5	5	5	3	3	3	2	0	0	0
뜻풀이	10	5	5	5	3	3	3	2	2	2	0
필순	0	0	0	0	0	0	0	3	3	2	2
약자	3	3	3	3	3	3	3	0	0	0	0
한자쓰기	40	30	30	30	20	20	20	20	10	0	0
출제 문항 수	200	150	150	150	100	100	100	90	80	70	50

※ 쓰기 배정 한자는 한두 급수 아래의 읽기 배정 한자이거나 그 범위 내에 있습니다.
※ 출제 유형표는 기본 지침 자료로써, 출제자의 의도에 따라 차이가 있을 수 있습니다.

급수는 어떻게 나눠지며, 합격 기준은 무엇인가요?

한자능력검정시험은 공인급수와 교육급수로 나뉘어지며, 8급부터 1급까지 11단계로 되어 있습니다.

한자능력검정시험 급수 배정표

급 수		수 준	특 성
교 육 급 수	8급	읽기 50자, 쓰기 없음	유치원생이나 초등학생의 학습 동기 부여를 위한 급수
	7급	읽기 150자, 쓰기 없음	한자 공부를 처음 시작하는 분을 위한 초급 단계
	6급Ⅱ	읽기 300자, 쓰기 50자	한자 쓰기를 시작하는 첫 급수
	6급	읽기 300자, 쓰기 150자	기초 한자 쓰기를 시작하는 급수
	5급	읽기 500자, 쓰기 300자	학습용 한자 쓰기를 시작하는 급수
	4급Ⅱ	읽기 750자, 쓰기 400자	5급과 4급의 격차를 해소하기 위한 급수
	4급	읽기 1,000자, 쓰기 500자	초급에서 중급으로 올라가는 급수
공 인 급 수	3급Ⅱ	읽기 1,500자, 쓰기 750자	4급과 3급의 격차를 해소하기 위한 급수
	3급	읽기 1,817자, 쓰기 1,000자	신문 또는 일반 교양서를 읽을 수 있는 수준
	2급	읽기 2,355자, 쓰기 1,817자	일상 한자어를 구사할 수 있는 수준
	1급	읽기 3,500자, 쓰기 2,005자	국한혼용 고전을 불편 없이 읽고 공부할 수 있는 수준

한자능력검정시험 합격 기준표

구 분	공 인 급 수				교 육 급 수						
	1급	2급	3급	3급Ⅱ	4급	4급Ⅱ	5급	6급	6급Ⅱ	7급	8급
출제 문항 수	200	150	150	150	100	100	100	90	80	70	50
합격 문항 수	160	105	105	105	70	70	70	63	56	49	35
시험 시간	90분	60분			50분						

* 1급은 출제 문항 수의 80% 이상, 2급~8급은 70% 이상 득점하면 합격입니다.

급수를 따면 어떤 점이 좋은가요?

- 1~3급Ⅱ는 국가 공인급수로 초, 중, 고등학교 생활기록부의 자격증 및 인증 취득 상황란에 정식 기재되며, 4~8급은 교과 학습 발달 상황란에 기재됩니다.
- 대학 입시 수시 모집 및 특기자 전형에 지원이 가능합니다.
- 대학 입시 면접에 가산점 부여 및 졸업 인증, 학점 반영 등 혜택이 주어집니다.
- 언론사와 기업체의 입사 및 승진 등 인사고과에 반영됩니다.

이 책의 구성과 특징

마법한자 주문
주문으로 한자를 외워요!
주문만 외우면, 한자가 나왔을 때 금방 무슨 한자인지 떠올릴 수 있습니다.

자원(字源)과 용례
한자가 어떻게 만들어졌는지 어떻게 쓰이는지 알려 줍니다. 주문과 연결해서 익히는 것이 더욱 효과적입니다.

훈/음, 부수
훈과 음과 부수를 보여 줍니다.

빨리 찾기
여기를 보면, 한자를 쉽게 찾을 수 있습니다.

필순 보기
필순과 더불어 획의 방향이 나타나 있어서 알아보기가 쉽습니다. 필순이 표시된 방향을 따라서 손가락으로 책 위에 한자를 써 봅시다.

낱말 활용
한 글자에 낱말이 두 개씩! 방금 익힌 한자가 낱말 속에서 어떻게 쓰이는지 예문과 함께 살펴보세요.

필순대로 써 보기
필순에 따라 한자를 직접 써 봅니다. 필순이 손에 익으면 한자도 쉽게 외워지고, 한자 모양도 예뻐집니다.

〈마법천자문〉 한 장면
한자나 낱말에 관련된 〈마법천자문〉의 한 장면입니다.
〈마법천자문〉을 읽은 사람에게는 더욱 효과적이지요!

〈마법급수한자〉는 이렇게 달라요.

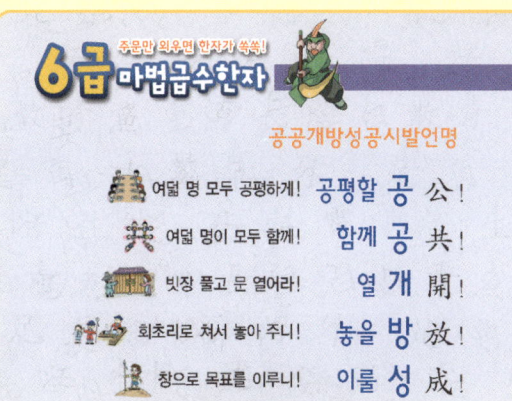

청킹으로 낱자들을 묶어서 기억한다!
한자의 키 포인트를 주문으로 외운다!

〈마법급수한자〉는 학습할 낱자들을 서로 관련성이 높은 것끼리 묶어서 기억합니다. 청킹(chunking: 덩어리) 기법으로 외우면, 암기가 훨씬 빨라지고, 오래 기억할 수 있습니다.
또, 〈마법급수한자〉의 모든 한자에는 주문이 달려 있습니다. 이 주문은 한자의 생성 원리와 형태, 훈과 음을 한 덩어리로 외우게 하여 암기 부담을 덜어 줍니다.

만화로 익히니 한자가 더욱 재미있다!
만화만으로도 쉽게 한자를 익힐 수 있어!

〈마법급수한자〉는 급수서의 딱딱한 틀에서 벗어나 학습 과정에 만화를 적극 도입하였습니다. 만화 속에는 공부할 한자나 낱말들이 꼬리를 물고 등장하여 충분한 선행학습이 이루어지게 됩니다. 또, 각 한자와 관련된 〈마법천자문〉의 장면이 함께 나와 있어 더욱 효과적으로 암기가 됩니다.

암기에 실제로 도움이 되는
독창적·현대적인 자원(字源) 해설!

일반적인 자원 해설은 어른조차 이해하기 힘듭니다. 〈마법급수한자〉의 자원 해설은 한자의 생성 원리에 기초하면서도, 한자 암기에 실제적으로 도움이 되도록 많은 부분을 어린이의 시각에서 현대적으로 재구성하였습니다.

낱자가 아니라 낱말로 익히는 한자!
어휘 학습을 대폭 강화했습니다.

한자 공부의 궁극적인 목적은 어휘력을 높이는 것입니다. 〈마법급수한자〉는 낱자 학습에서 글자마다 2개씩 100개의 낱말을 예문과 함께 익힐 수 있습니다. 또, 별도의 〈낱말 깨치기〉 코너를 통해 6급 낱말 60개에 대한 쓰기 연습을 할 수 있습니다.

 **잠깐씩 묶어서 공부해요!**

6급 시험에는 읽기, 쓰기, 반의어, 유의어, 동음이의어, 완성형, 필순 등 다양한 문제들이 출제됩니다. 아래의 '잠깐만' 코너를 통해 이런 문제들에 잘 대비합시다.

6급-1 마법급수한자

반의어/상대어	47쪽
유의어	110쪽
8급 한자 복습	113쪽
6급-1 낱말 총정리	116쪽

6급-2 마법급수한자

사자성어 1	47쪽
사자성어 2	110쪽
7급-1 한자 복습	113쪽
6급-2 낱말 총정리	116쪽

6급-3 마법급수한자

필순에 주의할 한자	47쪽
혼동하기 쉬운 한자	48쪽
동음이의어	110쪽
부수별로 익히면 좋은 한자들	112쪽
7급-2 한자 복습	113쪽
6급-3 낱말 총정리	116쪽

6급 마법급수한자

주문만 외우면 한자가 쏙쏙!

번호고등급훈합반집계

	밭에 차례대로 씨 뿌리니!	차례 **번**	番!
	호랑이가 울부짖으니!	이름 **호**	號!
	성문은 높아, 높으면!	높을 **고**	高!
	대나무 아래 절은 등급도 높아!	등급 **등**	等!
	실에도 등급이 있어!	등급 **급**	級!
	냇물에서 교훈 얻어!	가르칠 **훈**	訓!
	사람이 입을 하나로 합해!	합할 **합**	合!
	구슬을 둘로 나눠!	나눌 **반**	班!
	나무 위에 새가 모여!	모을 **집**	集!
	셈했더니 십이 나와!	셈할 **계**	計!

낱말을 만들어 봐!
番號, 高等, 等級,
高級, 級訓, 合班,
集計, 合計, 集合!

전설의 돌의 비밀이 풀리다

합체(合體), 시간(時間)

6급 마법급수한자

밭에 차례대로 씨 뿌리니! 차례 번 番!

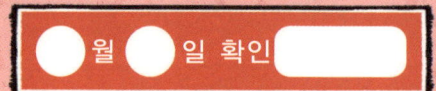
월 일 확인

番 號 高 等 級 訓 合 班 集 計

훈 차례 음 번

田부수 (밭전 부수)

이 밭(田)에 다 뿌리면 다음 차례는 저 밭이야. 씨 뿌릴 때는 차례대로 뿌리는 게 좋아.

필순에 따라 써 보세요.

총 12획

番 番 番 番 番 番 番 番 番 番 番 番

차례 번

이렇게 쓰여요.

매 번

7급
매양 매 차례 번

매번: 어떤 일이 있을 때마다. "어떻게 약속 시간에 매번 늦을 수 있니?"

번 지

7급
차례 번 땅 지

번지: 땅을 조각조각 나누어서 매겨 놓은 번호. "너희 집 번지수가 어떻게 되니?"

차 례 대 로
딱 딱 딱
한 대씩.

10

호랑이가 울부짖으니! 이름 호 號!

훈 이름 음 호

虍 부수 (범호 부수)

番號高等級訓合班集計

필순에 따라 써 보세요.

총 13획

필순

이름 호

이렇게 쓰여요.

口 號	口 號
구 호	입구 이름 호

구호: 사람들이 모인 자리에서 외치는 요구나 주장을 담은 짧은 말이나 글. "광장에 모인 사람들은 모두 함께 구호를 외쳤다."

國 號	國 號
국 호	나라 국 이름 호

국호: 나라의 이름. "태조 이성계는 나라를 세운 이듬해에 국호를 조선이라고 정했다."

성문은 높아, 높으면! 높을 고 高!

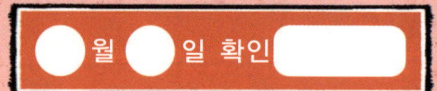

番號 高等級 訓合班 集計

훈 높을   음 고

高 부수 (높을고 부수)

필순에 따라 써 보세요.

총 10획

高 高 高 高 高 高 高 高 高 高

높을 고

이렇게 쓰여요.

고지: 아주 높은 곳에 있는 땅. 이루고자 하는 목표. "고지가 코앞인데 여기서 멈출 수는 없지."

고조: 할아버지의 할아버지. "저의 고조부께서는 일제 시대에 독립군으로 활동하셨습니다."

12

대나무 아래 절은 등급도 높아! 등급 등 等!

훈 등급 음 등

竹 부수 (대죽 부수)

대나무(竹 대 죽) 숲에 있는 저 절(寺 절 사)이 우리나라 최고의 절이래!

番號高等級訓合班集計

필순에 따라 써 보세요.

총 12획

等 等 等 等 等 等 等 等 等 等 等 等

등급 등

이렇게 쓰여요.

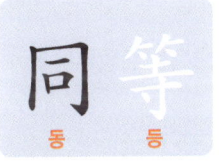 

동 등 / 한가지 동 등급 등 (7급)

동등: 자격이나 등급이 서로 같음. "이번에는 동등한 조건에서 승부를 겨뤄 보자."

등 수 / 등급 등 셈할 수 (7급)

등수: 등급이나 순위를 정하여 차례대로 매긴 번호. "언니는 이번 기말 고사에서 등수가 많이 올랐다."

선착순 열 명!
새치기 하지 마!
난 이등!
내가 일등!

실에도 등급이 있어! 등급 급 級!

番號高等級訓合班集計

級
훈 등급   음 급

※ 부수 (실사/가는실몇 부수)

이건 은실! 두 번째 등급의 실이지.

이건 금실! 최고 등급의 실[糸]이야.

필순에 따라 써 보세요.

총 10획

級 級 級 級 級 級 級 級 級 級

필순

등급 급

이렇게 쓰여요.

級 數
급 수

7급
級 數
등급 급 셈할 수

급수: 기술 따위의 높고 낮음에 따라 매긴 등급. "나는 이번에 한자 급수 시험 6급에 도전한다."

學 級
학 급

8급
學 級
배울 학 등급 급

학급: 한 교실에서 수업을 받는 학생들의 집단. "섬에 있는 작은 학교라 한 학급에 고작 여덟 명뿐이다."

한자마법에도 등급이 있지.

變
변할 변

변신 마법은 상급 마법이야.

냇물에서 교훈 얻어! 가르칠 훈 訓!

訓
훈 가르칠 음 훈

言 부수 (말씀언 부수)

내 천(川)을 보고 무슨 교훈을 얻었느냐?

물은 아래로 흐른다! 자연의 이치를 거스르지 말라는 교훈이죠.

番號高等級訓合班集計

필순에 따라 써 보세요.

총 10획

訓訓訓訓訓訓訓訓訓訓

필순

가르칠 훈

이렇게 쓰여요.

家訓
가 훈

[7급] 家訓
집 가 가르칠 훈

가훈: 집안의 교훈으로 삼기 위해 정한 말. "우리집 가훈은 '하루를 웃으며 시작하자.' 이다."

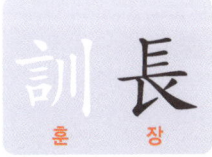 

訓長
훈 장

[8급] 訓長
가르칠 훈 어른 장

훈장: 옛날에 서당에서 글을 가르치던 선생. "저 아이는 훈장님께 회초리를 맞아서 울고 있다."

벗 우(友) 자의 교훈은 친구를 진심으로 사랑하라는 것이지.

음, 멋진 글자야.

15

6급 마법급수한자

사람이 입을 하나로 합해! **합할 합 合!**

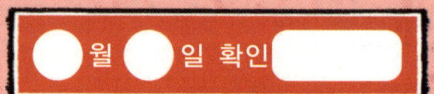

番號 高等 級 訓 **合** 班 集 計

훈 합할 음 합

口 부수 (입구 부수)

필순에 따라 써 보세요.

총 6획

合 合 合 合 合 合

합할 합

이렇게 쓰여요.

합   동 / 합할 합   한가지 동 (7급)

합동: 여럿이 모여 같은 행동이나 일을 함. "시에서는 가난한 사람들을 위해 합동 결혼식을 주선해 주었다."

합   금 / 합할 합   쇠 금 (8급)

합금: 한 금속에 다른 금속을 섞어 만든 금속. "청동은 구리와 주석을 섞어 만든 합금이다."

잘 봐!
합쳐져라!
합할 합!

구슬을 둘로 나눠! 나눌 반 班!

番號高等級訓合班集計

훈 나눌 음 반

王(玉) 부수 (구슬옥 부수)

내 칼 솜씨가 어때? 구슬(王/玉 구슬 옥)을 두 쪽으로 잘랐어!

필순에 따라 써 보세요.

총 10획

班 班 班 班 班 班 班 班 班 班

필순

나눌 반

이렇게 쓰여요.

分班	1-14쪽
분 반	分班 나눌 분 나눌 반

분반: 한 반을 둘 이상의 반으로 나눔. "오늘 배운 내용을 가지고 분반 토의를 했다."

兩班	4급
양 반	兩班 두 량 나눌 반

양반: 고려 시대와 조선 시대에 지배층을 이루던 신분. "양반이란 원래 문반(文班)과 무반(武班)을 함께 이르던 말이다."

동굴 안이 완전히 둘로 나뉘었어! 어쩌지?

나무 위에 새가 모여! 모을 집 集!

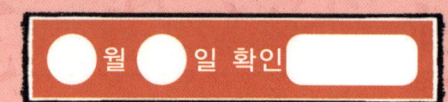

番號高等級訓合班 集計

훈 모을 음 집

隹 부수 (새추 부수)

새(隹 새 추)들은 모두 나무 위로 집합!

필순에 따라 써 보세요.

총 12획

集 集 亻 亻 亻 佳 佳 隼 集 集

이렇게 쓰여요.

집 중

8급
모을 집 가운데 중

집중: 한곳을 중심으로 하여 모임. 또는 그렇게 모음. "수도권의 인구 집중은 정말 심각한 문제이다."

집 회

2-93쪽
모을 집 모일 회

집회: 여러 사람이 어떤 목적을 위하여 모이는 일. "국회의사당 앞에서 오늘 집회가 열렸다."

모을 집!

천자문 조각들을 다시 모아!

셈했더니 십이 나와! 셈할 계 計!

 월 ● 일 확인

훈 셈할 음 계

言부수 (말씀언 부수)

番號高等級訓合班集 計

필순에 따라 써 보세요.

총 9획

計 計 計 計 計 計 計 計 計

셈할 계

이렇게 쓰여요.

 시계  7급 때 시 / 셈할 계

시계: 시각을 나타내거나 시간을 재는 기계. "시계가 열두 시를 가리켰다."

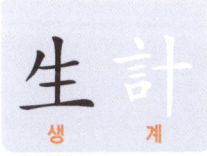 생계  8급 날 생 / 셈할 계

생계: 하루하루 먹고 살아가는 일. "아버지가 갑자기 쓰러지신 뒤로 우리 가족은 큰오빠의 월급으로 간신히 생계를 유지했다."

내 계획이 나 망가졌어!

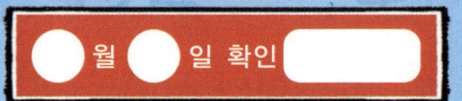

번호

番號
차례 번 　 이름 호

번호 : 차례를 나타내거나 사물을 구별하기 위해 붙인 숫자.

고등

高等
높을 고 　 등급 등

고등 : 등급이나 수준, 정도 따위가 높음.

등급

等級
등급 등 　 등급 급

등급 : 품질이나 수준, 정도의 높고 낮음을 여러 단계로 구별한 것.

고급

高級
높을 고 　 등급 급

고급 : 품질이나 수준, 등급이 높음.

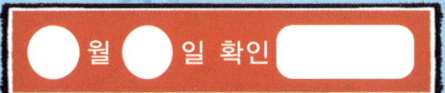

급훈

級訓
등급 급 가르칠 훈

급훈: 한 학급의 교육 목표를 짧은 문구로 나타낸 것.

합반

合班
합할 합 나눌 반

합반: 두 학급 이상이 하나로 합침. 또는 그렇게 하여 만들어진 반(班).

집계

集計
모을 집 셈할 계

집계: 이미 이루어진 계산들을 한데 모아서 계산함.

합계

合計
합할 합 셈할 계

합계: 수나 양을 한데 합하여 계산함. 또는 그 셈의 결과.

집합

集合
모을 집 합할 합

集合 集合 集合 集合
集合 集合 集合 集合

집합: 사람들이 한곳에 모임.

등고선

1-79쪽
等高線
등급 등 높을 고 줄 선

等高線 等高線
等高線 等高線

등고선: 지도에서 같은 높이에 있는 지점을 연결한 선.

신호

2-14쪽
信號
믿을 신 이름 호

信號 信號 信號 信號
信號 信號 信號 信號

신호: 일정한 부호나 소리, 몸짓 등으로 의사를 전달함. 또는 그런 부호.

반장

8급
班長
나눌 반 어른 장

班長 班長 班長 班長
班長 班長 班長 班長

반장: 학급의 다른 학생들을 이끌고 대표하는 학생.

6급 마법급수한자 실력향상문제 제1회

1 다음 글을 읽고, 한자로 된 낱말의 음(音)을 한글로 쓰세요.

(1) 番號가 불린 사람은 모두 자리에서 일어나세요.

(2) 우리 형은 高等학교 1학년입니다.

(3) 우리 가게에는 세 가지 等級의 쇠고기가 있습니다.

(4) 우리 반의 級訓을 투표로 결정했다.

(5) 이번 체육 시간은 1반과 2반을 合班하여 진행한다.

(6) 集計를 해 보니 세 명이 얻은 표가 똑같았다.

(7) 그 친구는 약속 시간에 每番 늦는다.

(8) 할아버지는 옛날 서당에서 무서운 訓長님이셨단다.

(9) 형은 班長으로 뽑혔다고 기뻐했다.

(10) 책상마다 計算기가 놓여 있었다.

2 다음 한자어(漢字語)의 독음(讀音)을 쓰세요.

(1) 信號 (　　　) (2) 口號 (　　　)

(3) 同等 (　　　) (4) 高級 (　　　)

(5) 校訓 (　　　) (6) 番地 (　　　)

(7) 集中 (　　　) (8) 時計 (　　　)

(9) 集會 (　　　) (10) 合金 (　　　)

3 다음 한자의 훈(訓)과 음(音)을 쓰세요.

(1) 級 (　　　　) (2) 等 (　　　　)

(3) 集 (　　　　) (4) 班 (　　　　)

(5) 號 (　　　　) (6) 番 (　　　　)

(7) 計 (　　　　) (8) 訓 (　　　　)

(9) 高 (　　　　) (10) 合 (　　　　)

4 다음 글을 읽고, 밑줄 친 낱말을 한자로 쓰세요.

(1) 저 나무는 해발 이천 미터 고지에서 자란다.

(2) 언니는 이번 시험에서 등수가 20등이나 올랐습니다.

(3) 학급마다 한 대씩 커다란 텔레비전이 있습니다.

(4) 우리 집에는 아직 가훈이 없습니다.

(5) 시에서 가난한 사람들을 위해 합동 결혼식을 열어 주었다.

(6) 동화 전집 백 권을 벌써 세 번째 읽고 있다.

(7) 적군들은 결국 백기를 들고 항복했다.

(8) 먼저 이 나무 중간에 못을 박아라.

(9) 우리 학교는 이번 대회의 유력한 우승 후보입니다.

(10) 주소가 잘못되어 편지가 되돌아왔다.

5 다음 빈칸에 들어갈 한자를 쓰세요.

(1) 百年大□ : 먼 앞날을 내다보고 세우는 크고 중요한 계획.

(2) 高□學校 : 중학교를 졸업한 학생이 가는 학교.

(3) □高線 : 지도에서 같은 높이에 있는 지점을 연결한 선.

(4) □數 : 기술 따위의 높고 낮음에 따라 매긴 등급.

6 다음 한자어(漢字語)의 뜻을 쓰세요.

(1) 班長

(2) 高地

(3) 高祖

(4) 級訓

7 다음 한자와 상대 또는 반대되는 한자를 〈보기〉에서 골라 그 번호를 쓰세요.

보기 ①計 ②高 ③分 ④學 ⑤木 ⑥父

(1) 合 (   )   (2) 訓 (   )

(3) 下 (   )

8 다음 물음에 맞는 답을 〈보기〉에서 골라 그 번호를 쓰세요.

> 보기 ① 急   ② 算   ③ 家   ④ 登   ⑤ 明   ⑥ 綠

(1) 計와 뜻이 비슷한 한자는?

(2) 級과 음이 같은 한자는?

(3) 等과 음이 같은 한자는?

9 다음 한자에서 ㉠획은 몇 번째 획일까요?

① 여섯 번째
② 일곱 번째
③ 여덟 번째
④ 아홉 번째

10 다음 한자에서 ㉠획은 몇 번째 획일까요?

① 네 번째
② 다섯 번째
③ 여섯 번째
④ 일곱 번째

예식양의복영과제두목

주문	음훈	한자
제사상 풍성하게, 예절 바르게!	예절 례	禮!
공구로 말뚝 박는!	법 식	式!
양이 큰 바다에 빠지니!	큰바다 양	洋!
저고리 입어!	옷 의	衣!
옷 입고 따라가니!	옷 복	服!
물은 길게 영원히 흘러!	길 영	永!
곡식을 한 말씩 종류별로!	과목 과	科!
머리에 제목을 써 붙여서!	제목 제	題!
콩알을 머리에 얹으니!	머리 두	頭!
눈을 옆으로 세우니!	눈 목	目!

낱말을 만들어 봐!
禮式, 洋服, 衣服
永永, 科目, 題目, 頭目
禮服, 目禮!

불사를 꿈꾸는 소년

금년(今年), 성년(成年), 예식(禮式), 의복(衣服), 양복(洋服), 한복(韓服), 청년(靑年), 영원(永遠)

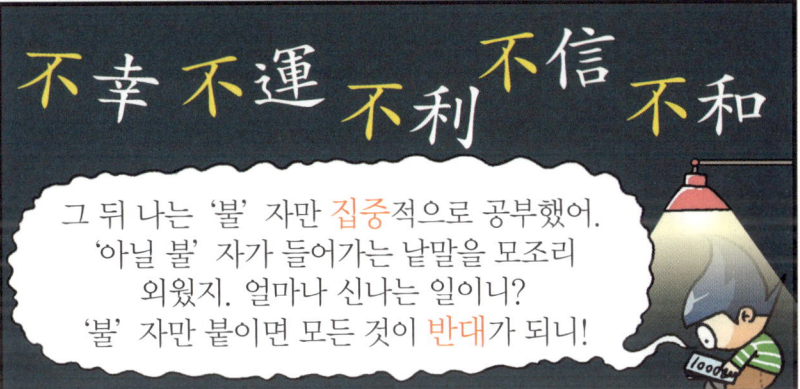

세상(世上), 출제(出題), 천재(天才), 집중(集中), 반대(反對), 강력(强力), 불사(不死), 특별(特別)

6급 마법급수한자

제사상 풍성하게, 예절 바르게! **예절 례 禮!**

○월 ○일 확인 ☐

禮式洋衣服永科題頭目

훈 예절 음 례(예)

示 부수 (보일시 부수)

조상(祖上)님께 바치는 예(禮)를 제례라고 하지. 祖와 禮 둘 다 示(보일 시) 부수야.

필순에 따라 써 보세요.

총 18획

禮禮禮禮禮禮禮禮禮禮禮禮

필순

예절 례

이렇게 쓰여요.

禮物 / 禮物 (7급)
예 물 / 예절 례 물건 물

예물: 결혼할 때 신랑 신부가 주고받는 물건. "큰언니는 결혼 예물로 예쁜 반지와 시계를 받았다."

失禮 / 失禮 (2-100쪽)
실 례 / 잃을 실 예절 례

실례: 말이나 행동이 예의에 어긋남. "급한 일이라 실례를 무릅쓰고 밤늦게 전화를 했습니다."

예절을 갖춰서 절을 올리겠습니다.

흠!

저희가 도사님을 몰라보았습니다.

30

공구로 말뚝 박는! 법 식 式!

○월 ○일 확인 ☐

훈 **법** 음 **식**

弋 부수 (주살익/말뚝익 부수)

그렇게 하면 안 돼! 말뚝(弋 말뚝 익)을 박는 데에도 방식이 있다니까!

禮**式**洋衣服永科題頭目

😄 필순에 따라 써 보세요.

총 6획

弌 弌 弌 弍 式 式

필순

법 식

😆 이렇게 쓰여요.

방 식   모 방   법 식

방식: 일정한 방법이나 형식. "자기 방식만 고집하는 것은 좋은 태도가 아니다."

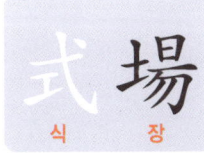 
식 장   법 식   마당 장

식장: 의식을 거행하는 장소. "식장은 신랑 신부의 결혼을 축하하러 온 사람들로 가득 찼다."

장작을 패는 데에도 방식이 있어! 어떤 식으로 하는지 잘 봐!

6급 마법급수한자

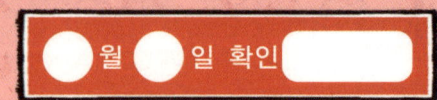
월 일 확인

양이 큰 바다에 빠지니! 큰바다 양 洋!

禮式洋衣服永科題頭目

훈 큰 바다 음 양

氵(水)부수 (삼수변 부수)

필순에 따라 써 보세요.

총 9획

洋洋洋洋洋洋洋洋洋

큰 바다 양

이렇게 쓰여요.

海洋 / 海洋
해 양 / 바다 해 큰바다 양
(7급)

해양: 넓고 큰 바다. "그는 일찍이 해양 자원에 큰 관심을 가져 왔다."

大洋 / 大洋
대 양 / 큰 대 큰바다 양
(8급)

대양: 해양 중에서도 특히 넓은 바다. "우리는 태평양, 대서양, 인도양, 북극해, 남극해를 오대양이라고 부른다."

저고리 입어! 옷 의 衣!

훈 옷 음 의

衣 부수 (옷의 부수)

衣는 저고리를 본떠서 만든 글자야.

禮式洋衣服永科題頭目

필순에 따라 써 보세요.

총 6획

衣 衣 衣 衣 衣 衣

옷 의

이렇게 쓰여요.

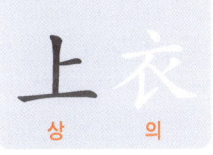
상 의

 7급
위 상   옷 의

상의: 윗옷. "열두 시에 시계탑 아래에서 청색 바지에 흰 상의를 입은 사람을 찾으세요."

백 의

 8급
흰 백   옷 의

백의: 흰 빛깔의 옷. "우리 민족은 예로부터 흰옷을 즐겨 입어 백의민족이라고 불렸다."

옷 잘 입는 것으로 치면 이 혼세마왕을 따를 자가 없지!

옷 입고 따라가니! 옷 복 服!

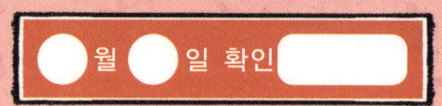

禮式洋衣服永科題頭目

服
훈 옷/따를 음 복

月부수 (달월 부수)

😤 필순에 따라 써 보세요.

총 8획

服服服服服服服服

옷 복

😠 이렇게 쓰여요.

韓服 / 韓服
한 복 / 나라 한 옷 복 [8급]

한복: 우리나라의 고유한 옷. "그 여배우가 한복을 입고 나타나자 외국인들이 모두 한복의 아름다움에 감탄했다."

不服 / 不服
불 복 / 아닐 불 따를 복 [7급]

불복: 복종하지 않거나 따르지 않음. "재판 결과에 불복한 사람은 한 단계 높은 법원에 다시 재판을 신청할 수 있다."

절대로 굴복 안 해!

물은 길게 영원히 흘러! 길 영 永!

○월 ○일 확인 ☐

훈 길 음 영

水 부수 (물수 부수)

세 갈래 물길 위에 종이배를 띄운다. 길게 오래도록 흘러가렴!

禮式洋衣服永科題頭目

필순에 따라 써 보세요.

총 5획

永 永 永 永 永

길 영

이렇게 쓰여요.

永住 영주 / 永住 길영 살주 [7급]

영주: 한 곳에 오래 삶. "큰아버지는 미국 영주권을 가지고 계신다."

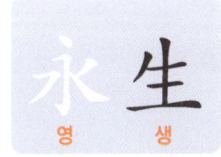
永生 영생 / 永生 길영 날생 [8급]

영생: 죽지 않고 영원히 삶. "순교자들이 죽음을 두려워하지 않았던 것은 영생을 믿었기 때문이다."

여긴 늑대왕이 영원히 잠든 곳이야.

35

곡식을 한 말씩 종류별로! 과목 과 科!

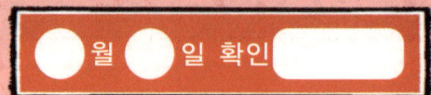

禮式洋衣服永科題頭目

훈 과목 음 과

禾 부수 (벼화 부수)

곡식을 종류별로 한 말(斗 말 두)씩 담았어.

필순에 따라 써 보세요.

총 9획

科 科 科 科 科 科 科 科 科

이렇게 쓰여요.

| 學科 | 8급 學科 |
| 학 과 | 배울 학 과목 과 |

학과: 교육이나 연구의 편의를 위해 구분한 학문의 분과. "대학에 갈 때에는 학교보다도 학과를 잘 선택해서 가야 한다."

| 全科 | 7급 全科 |
| 전 과 | 온전 전 과목 과 |

전과: 초등학교의 모든 과목을 풀이해 놓은 책. "초등학생들은 전과를 많이 본다."

머리에 제목을 써 붙여서! 제목 제 題!

훈 제목 음 제

頁 부수 (머리혈 부수)

가장 멋진 작품은 바로 '나'!

작품에 제목을 붙이랬더니 자기 머리에다 제목 제(題)를 써 붙였군!

禮式洋衣服永科題頭目

필순에 따라 써 보세요.

총 18획

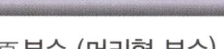

제목 제

이렇게 쓰여요.

問題 / 問題
문 제 / 물을 문 제목 제

문제: 답을 요구하는 물음. 논쟁이나 연구의 대상. 해결하기 어려운 일. "문제를 풀다.", "문제로 삼다.", "문제가 생기다."

主題 / 主題
주 제 / 주인 주 제목 제

주제: 논의의 중심이 되는 문제. 예술 작품에서 작가가 말하고자 하는 것. "이 글은 주제가 잘 드러나지 않는다."

이 책의 제목이 '생사부'라는 얘기지!

6급 마법급수한자

콩알을 머리에 얹으니! **머리 두 頭!**

禮式洋衣服永科題**頭**目

훈 머리 음 두

頁 부수 (머리혈 부수)

필순에 따라 써 보세요.

총 16획

頭 頭 頭 頭 頭 頭 頭 頭 頭 頭 頭 頭

필순

頭
머리 두

머리 두 / 머리 두
머리 두 / 머리 두
머리 두 / 머리 두

頭 頭 頭 頭
頭 頭 頭 頭

이렇게 쓰여요.

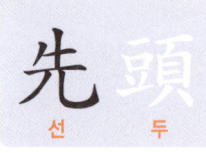 
선두 / 먼저 선 머리 두 (8급)

선두: 대열이나 행렬, 활동 따위에서 맨 앞. "준호는 동물 보호에 관한 일이라면 늘 선두에 섰다."

구두 / 입 구 머리 두 (7급)

구두: 마주 대하여 입으로 하는 말. "구두 이긴 해도 약속은 약속이니 반드시 지켜야 한다."

머리 두! 머리야 나와라! 얍!

눈을 옆으로 세우니! 눈 목 目!

●월 ●일 확인

훈 눈   음 목

目부수 (눈목 부수)

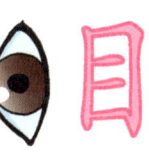

어때? 내 눈이 '눈 목' 자처럼 보여?

禮式洋衣服永科題頭目

필순에 따라 써 보세요.

총 5획

目 目 目 目 目

눈 목

이렇게 쓰여요.

목   전   눈목   앞전
             7급

목전: 바로 앞. 지금 당장. "목전에서 기차를 놓치고 말았다.", "시험이 목전에 다가오자 언니의 신경이 날카로워졌다."

면   목   얼굴 면   눈목
             7급

면목: 다른 사람을 대할 때의 떳떳함. 사람이나 사물의 겉모습. "일이 이렇게 되고 나니 도무지 면목이 없습니다."

보여라! 눈 목!

39

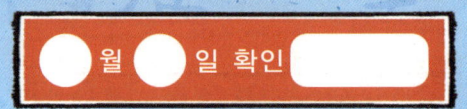

예식

禮式
예절 례 법 식

예식: 결혼식이나 장례식 등 일정한 예법에 따라 올리는 식(式).

예복

禮服
예절 례 옷 복

예복: 예식을 치르거나 특별히 예절을 갖추어야 하는 경우에 입는 옷.

양복

洋服
큰바다 양 옷 복

양복: 남자가 입는 서양식 정장.

의복

衣服
옷 의 옷 복

의복: 옷. 몸을 싸서 가리거나 보호하려고 천, 가죽 따위로 만들어 입는 물건.

6급 마법급수한자 낱말 깨치기

○월 ○일 확인

과목
科目
과목과 눈목

科目 科目 科目 科目
科目 科目 科目 科目

과목: 가르치거나 배워야 할 지식이나 경험을 여러 갈래로 나눈 것.

제목
題目
제목제 눈목

題目 題目 題目 題目
題目 題目 題目 題目

제목: 글이나 책, 노래, 그림 등에 그 내용을 알 수 있도록 붙인 이름.

두목
頭目
머리두 눈목

頭目 頭目 頭目 頭目
頭目 頭目 頭目 頭目

두목: 깡패나 도둑 같은 좋지 않은 무리의 우두머리.

영영
永永
길영 길영

永永 永永 永永 永永
永永 永永 永永 永永

영영: 언제까지나 영원히.

41

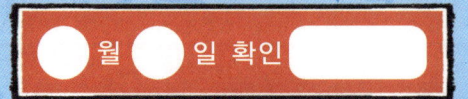

형식

形式
모양 형 법 식

形式 形式 形式 形式
形式 形式 形式 形式

형식: 사물이 바깥으로 나타나 보이는 모양. 일을 할 때의 정해진 절차나 방법.

영원

永遠
길 영 멀 원

永遠 永遠 永遠 永遠
永遠 永遠 永遠 永遠

영원: 어떤 상태가 끝없이 이어짐. 시간을 초월하여 변하지 아니함.

이과

理科
다스릴 리 과목 과

理科 理科 理科 理科
理科 理科 理科 理科

이과: 자연계의 원리나 현상을 연구하는 학문.

원양

遠洋
멀 원 큰 바다 양

遠洋 遠洋 遠洋 遠洋
遠洋 遠洋 遠洋 遠洋

원양: 육지에서 멀리 떨어진 넓은 바다.

6급 마법급수한자 실력향상문제 제2회

1 다음 글을 읽고, 한자로 된 낱말의 음(音)을 한글로 쓰세요.

(1) 신랑과 신부는 禮式을 치르기 위해 몸단장을 했다.

(2) 아빠는 매일 洋服을 바꿔 입으신다.

(3) 동네 조무래기들은 나를 頭目이라고 불렀다.

(4) 네가 제일 좋아하는 科目이 뭐니?

(5) 이 글에 題目을 뭐라고 붙이면 가장 좋을까?

(6) 그 새는 산 너머로 날아가더니 永永 돌아오지 않았다.

(7) 그 박사님은 일찍이 海洋 자원에 큰 관심을 가져 왔다.

(8) 친척 어르신들을 찾아뵐 때는 衣服을 잘 갖춰 입어야 한다.

(9) 각자 읽은 책의 主題를 발표하기로 했다.

(10) 누나는 科學 과목을 가장 좋아한다.

2 다음 한자어(漢字語)의 독음(讀音)을 쓰세요.

(1) 禮物 (　　　)　　(2) 方式 (　　　)

(3) 上衣 (　　　)　　(4) 韓服 (　　　)

(5) 永生 (　　　)　　(6) 問題 (　　　)

(7) 先頭 (　　　)　　(8) 目前 (　　　)

(9) 理科 (　　　)　　(10) 不服 (　　　)

3. 다음 한자의 훈(訓)과 음(音)을 쓰세요.

(1) 題 (　　　　　)　　(2) 頭 (　　　　　)

(3) 衣 (　　　　　)　　(4) 永 (　　　　　)

(5) 禮 (　　　　　)　　(6) 洋 (　　　　　)

(7) 科 (　　　　　)　　(8) 式 (　　　　　)

(9) 目 (　　　　　)　　(10) 服 (　　　　　)

4. 다음 글을 읽고, 밑줄 친 낱말을 한자로 쓰세요.

(1) 결혼식에 갔다가 답례품으로 큰 수건을 받았다.

(2) 이 모임에 세 번 나오면 정식 회원이 됩니다.

(3) 서양에서는 용을 나쁜 동물로 생각하는 경우가 많다.

(4) 오늘부터 춘추복을 벗고 하복으로 갈아입는다.

(5) 글을 쓸 때에는 주제가 잘 드러나게 써야 한다.

(6) 저 애는 가방에 교과서를 모두 넣어 가지고 다닌다.

(7) 우리 가족은 주말마다 등산을 한다.

(8) 나는 거의 모든 자동차의 이름을 외우고 있다.

(9) 가출 청소년의 숫자가 조금씩 줄고 있다.

(10) 그 가수는 삼 년의 공백을 깨고 다시 무대에 섰다.

5 다음 빈칸에 들어갈 한자를 쓰세요.

(1) 白□民族 : 흰옷을 입은 민족. 우리 민족을 가리키는 말.

(2) 敎□書 : 학교에서 공부할 내용을 과목별로 정리하여 엮은 책.

(3) 先□ : 대열이나 행렬, 활동 등에서 맨 앞.

(4) 形□ : 사물이 바깥으로 나타나 보이는 모양.

6 다음 한자어(漢字語)의 뜻을 쓰세요.

(1) 遠洋

(2) 式場

(3) 面目

(4) 永生

7 다음 한자와 상대 또는 반대되는 한자를 〈보기〉에서 골라 그 번호를 쓰세요.

보기 ① 海   ② 女   ③ 南   ④ 子   ⑤ 山   ⑥ 夫

(1) 江 (   )   (2) 男 (   )

(3) 北 (   )

8 다음 물음에 대한 답을 〈보기〉에서 골라 그 번호를 쓰세요.

> 보기 ① 服   ② 食   ③ 體   ④ 病   ⑤ 計   ⑥ 例

(1) 衣와 뜻이 비슷한 한자는?

(2) 禮와 음이 같은 한자는?

(3) 式과 음이 같은 한자는?

9 다음 한자에서 ㉠획은 몇 번째 획일까요?

① 다섯 번째
② 여섯 번째
③ 일곱 번째
④ 여덟 번째

10 다음 한자에서 ㉠획은 몇 번째 획일까요?

① 두 번째
② 네 번째
③ 다섯 번째
④ 여섯 번째

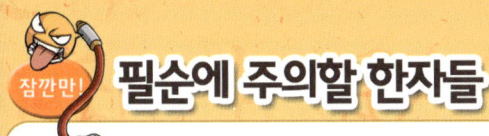

필순에 주의할 한자들

6급 한자 가운데 필순에 주의해야 할 한자를 모아 보았어요.
흐리게 된 부분을 순서에 맞게 써 봅시다. 다 쓴 후에는 정답을 확인해 보세요.

樂 1-11쪽 즐거울 락	近 2-11쪽 가까울 근	別 2-75쪽 나눌 별	服 3-34쪽 옷 복
分 1-14쪽 나눌 분	代 2-16쪽 대신할 대	區 2-76쪽 구역 구	永 3-35쪽 길 영
英 1-16쪽 꽃부리 영	開 2-32쪽 열 개	部 2-80쪽 거느릴 부	題 3-37쪽 제목 제
庭 1-32쪽 뜰 정	放 2-33쪽 놓을 방	聞 2-96쪽 들을 문	身 3-58쪽 몸 신
根 1-38쪽 뿌리 근	成 2-34쪽 이룰 성	級 3-14쪽 등급 급	體 3-59쪽 몸 체
醫 1-56쪽 의원 의	功 2-35쪽 공 공	禮 3-30쪽 예절 례	第 3-79쪽 차례 제
死 1-59쪽 죽을 사	發 2-37쪽 필 발	式 3-31쪽 법 식	雪 3-94쪽 눈 설
圖 1-92쪽 그림 도	特 2-74쪽 특별할 특	衣 3-33쪽 옷 의	感 3-101쪽 느낄 감

※ 6급과 6급Ⅱ 시험에서 필순 문제는 3문제씩 출제됩니다.

혼동하기 쉬운 한자들

혼동하기 쉬운 한자들로 짝을 만들었습니다.
생김새에 유의하면서 한자의 훈(訓)과 음(音)을 한 번씩 써 봅시다.

門 문 문	問 물을 문	聞 들을 문	間 사이 간
人 사람 인	入 들 입	八 여덟 팔	
書 글 서	晝 낮 주	畵 그림 화	
樂 즐거울 락/노래 악	藥 약 약		

禮 예절 례	體 몸 체		綠 푸를 록	線 줄 선
遠 멀 원	速 빠를 속		午 낮 오	千 일천 천
名 이름 명	各 각각 각		等 등급 등	第 차례 제
特 특별할 특	待 기다릴 대		住 살 주	注 부을 주

場 마당 장	陽 볕 양		度 정도 도	席 자리 석
使 부릴 사	便 편할 편		邑 고을 읍	色 빛 색
青 푸를 청	淸 맑을 청		古 옛 고	苦 쓸 고
左 왼 좌	右 오른 우		作 지을 작	昨 어제 작

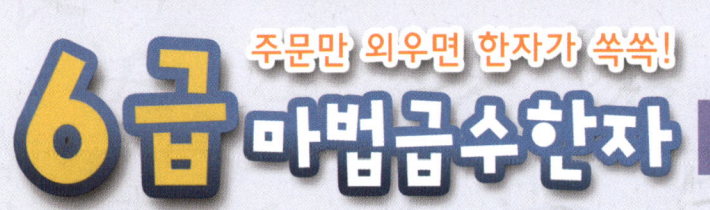

강약속구단반신체각도

활을 강하게 당겨!	강할	강	強!
활 둘에 화살 넷!	약할	약	弱!
머리 묶고 달리는!	빠를	속	速!
구슬이 공처럼 둥그니!	공	구	球!
화살이 콩보다 짧으니!	짧을	단	短!
열 십을 절반으로 나눴다!	반	반	半!
몸 속에 아이가 있네!	몸	신	身!
뼈 골에 살이 붙어!	몸	체	體!
이렇게 생긴 뿔 봤어?	뿔	각	角!
손으로 정도를 재니!	정도	도	度!

낱말을 만들어 봐!
強弱, 強速球, 短身, 半身
身體, 角度, 強度, 速度
弱體, 球速, 半半!

야구로 승부를 겨루다

정정당당(正正堂堂), 행사(行事), 전세계(全世界), 부하(部下), 야구(野球), 각자(各自)

6급 마법급수한자

활을 강하게 당겨! 강할 강 強!

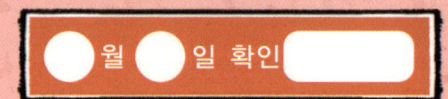
월 일 확인

강弱速球短半身體角度

훈 강할 음 강
弓부수 (활궁 부수)

이 활(弓 활 궁)은 힘이 강해야 당길 수 있겠는걸!

필순에 따라 써 보세요.

총 11획

強 強 弓 強 強 強 強 強 強 強 強

필순

강할 강

이렇게 쓰여요.

強力
강 력

7급
強力
강할 강 힘 력

강력: 힘이 굳셈. 약 따위의 작용이나 효과가 강함. "강력 접착제로 부러진 장난감 조각을 붙였다."

強大
강 대

8급
強大
강할 강 큰 대

강대: 국가나 조직 등의 힘이 강하고 큼. "제1차 세계대전은 강대국 간의 세력 다툼으로 인해 일어났다."

강해져라! 강할 강!

활 둘에 화살 넷! 약할 약 弱!

월 일 확인

훈 약할 음 약

弓 부수 (활궁 부수)

强 弱 速 球 短 半 身 體 角 度

필순에 따라 써 보세요.

총 10획

弓 弓 弓 弓 弱 弱 弱 弱 弱 弱

약할 약

이렇게 쓰여요.

약 자   약할 약   사람 자

약자: 힘이 약한 사람. "나는 언제나 약자의 편에 서려고 한다."

약 소   약할 약   작을 소

약소: 국가나 조직 등의 힘이 약하고 작음. "불과 수십 년 전만 해도 우리나라는 약소 국가였다."

6급 마법급수한자

머리 묶고 달리는! 빠를 속 速!

월 일 확인

훈 빠를 음 속

辶(辵)부수
(책받침/쉬엄쉬엄 갈 착 부수)

머리를 질끈 묶고 (束 묶을 속)! 달려라, 엄청 빠른 속도로!

強弱速球短半身體角度

필순에 따라 써 보세요.

총 11획

速 速 速 速 束 束 束 涑 涑 速 速

필순

빠를 속

이렇게 쓰여요.

速力 / 速力 (7급)
속 력 / 빠를속 힘력

속력: 속도의 크기. 또는 속도를 이루는 힘. "앞에 가던 차가 갑자기 속력을 냈다."

時速 / 時速 (7급)
시 속 / 때시 빠를속

시속: 물체가 1시간 동안에 움직이는 거리. "저 투수는 시속 150킬로미터의 공을 쉽게 던진다."

빨라져라!
빠를 속!

54

구슬이 공처럼 둥그니! 공 구 球!

훈 공 음 구

王(玉) 부수 (구슬옥 부수)

공 모양의 구슬(王/玉)과 구슬 모양의 공(球)이라고?

공 모양 구슬→ ←구슬 모양 공

強弱速**球**短半身體角度

필순에 따라 써 보세요.

총 11획

球球球球球球球球球球球

공 구

이렇게 쓰여요.

地球 / 地球
지 구 / 땅지 공구 [7급]

지구: 우리가 살고 있는, 태양에서 세 번째로 가까운 행성. "우주에서 보면 지구는 푸른빛을 띠고 있다."

電球 / 電球
전 구 / 번개전 공구 [7급]

전구: 전기가 통하면 빛을 내는 둥근 유리 기구. "화장실의 불이 나가서 전구를 새로 사 왔다."

둥글게 되어라!

공 구!

55

6급 마법급수한자

화살이 콩보다 짧으니! 짧을 단 短!

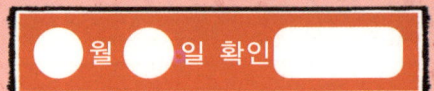
월 일 확인

強弱速球短半身體角度

훈 짧을 음 단

矢 부수 (화살시 부수)

이건 우리 개미들이 쓰는 화살(矢 화살 시)이야.

길이가 콩(豆 콩 두)보다도 짧지.

필순에 따라 써 보세요.

총 12획

短短短矢矢矢矢短短短短短

필순

짧을 단

이렇게 쓰여요.

장단

 8급
길 장 짧을 단

장단: 길고 짧음. 장단점. "누구에게나 장단점은 있는 법이니 단점을 나무라기보다는 장점을 살려 나가게 해야 한다."

단 명

 7급
짧을 단 목숨 명

단명: 목숨이 짧음. 오래 살지 못함. "천재 예술가 중에는 단명한 사람이 많다."

짧아져라! 짧을 단!

정말 짧아졌네!

열 십을 절반으로 나눴다! 반 반 半!

훈 반　음 반

十 부수 (열십 부수)

強弱速球短 半 身體角度

필순에 따라 써 보세요.

총 5획

半 半 半 半 半

필순

반 반

이렇게 쓰여요.

後半　後半
후　반　뒤 후　반 반

후반: 어떤 일이나 시기를 반으로 나눴을 때의 뒷부분. "경기 후반으로 가면서 선수들의 제 실력이 나왔다."

半年　半年
반　년　반 반　해 년

반년: 일 년의 반. 6개월. "한 도시에 살면서도 그의 얼굴을 반년 만에 처음 보았다."

몸 속에 아이가 있네! 몸 신 身!

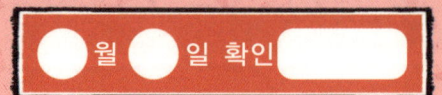

강약속구단반신체각도

훈 몸 음 신

身부수 (몸신 부수)

내 몸 속엔 아기가 자라고 있어. 그래서 몸 신(身)처럼 배가 불룩하단다.

필순에 따라 써 보세요.

총 7획

身 身 身 身 身 身 身

몸 신

이렇게 쓰여요.

身長 身長
신 장 몸신 길장 (8급)

신장: 사람의 키. "나의 신장은 140센티미터이다."

全身 全身
전 신 온전전 몸신 (7급)

전신: 온몸. 몸 전체. "깜깜한 밤에 무덤 앞을 지나려니 전신에 소름이 돋았다."

몸 나와라! 몸 신!

뼈 골에 살이 붙어! 몸 체 體!

○월 ○일 확인 [　　]

훈 몸 음 체

骨 부수 (뼈골 부수)

뼈(骨 뼈 골)에 살이 붙어 몸(體)을 이루지. 아! 나도 이렇게 되고 싶어!

強弱速球短半身體角度

필순에 따라 써 보세요.

총 23획

體 體 體 體 骨 骨 骨 骨 體 體 體 體 體

필순

몸 체

이렇게 쓰여요.

體重 / 몸체 무거울 중 (7급)

체중: 몸무게. "건강을 위해서는 지금보다 체중을 20킬로그램 정도 줄이십시오."

體力 / 몸체 힘력 (7급)

체력: 어떤 일을 할 수 있는 몸의 힘. "저 산을 오르려면 강인한 체력이 뒷받침되어야 한다."

마법천자문에 나오는 인물 중에 내가 체중이 제일 많이 나갈걸!

한 1톤 되나?

이렇게 생긴 뿔 봤어? 뿔 각 角!

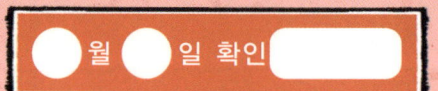
월 일 확인

強弱速球短半身體角度

훈 뿔 음 각

角 부수 (뿔각 부수)

이렇게 생긴 뿔 봤어?

필순에 따라 써 보세요.

총 7획

角 角 角 角 角 角 角

필순

뿔 각

이렇게 쓰여요.

직 각 / 곧을 직 뿔 각

직각: 두 직선이 수직으로 만나서 이루는 90도의 각. "이 선과 직각이 되도록 잘라 주세요."

각 목 / 뿔 각 나무 목

각목: 길고 각이 지게 자른 나무. "삼촌이 각목에 몇 번 못질을 하자 금세 작은 의자가 만들어졌다."

솟아라! 뿔 각!
자, 덤벼!

60

손으로 정도를 재니! 정도 도 度!

훈 정도/법도 음 도

广 부수 (엄호/집엄 부수)

손으로 길고 짧은 정도를 재고 있어. 又는 오른손의 모양을 본뜬 글자란다.

強弱速球短半身體角度

필순에 따라 써 보세요.

총 9획

度 度 度 度 度 度 度 度 度

필순

정도 도

이렇게 쓰여요.

高度 / 高度
고 도 / 높을 고 정도 도 (12쪽)

고도: 높이의 정도. 수준이나 정도가 높거나 뛰어남. "이 비행기는 현재 고도 3천 미터 상공을 날고 있습니다."

溫度 / 溫度
온 도 / 따뜻할 온 정도 도 (96쪽)

온도: 따뜻하고 차가운 정도. "감기에 걸릴까 봐 실내 온도를 일정하게 유지했다."

이 정도 쯤이야!

61

6급 마법급수한자 낱말 깨치기

강약
強弱
강할 강 약할 약

強弱 強弱 強弱 強弱
強弱 強弱 強弱 強弱

강약: 힘의 강함과 약함.

강속구
強速球
강할 강 빠를 속 공 구

強速球 強速球
強速球 強速球

강속구: 야구에서 투수가 던지는 빠르고 강한 공.

구속
球速
공 구 빠를 속

球速 球速 球速 球速
球速 球速 球速 球速

구속: 운동 경기에서 공이 날아가는 속도.

반신
半身
반 반 몸 신

半身 半身 半身 半身
半身 半身 半身 半身

반신: 몸의 절반.

62

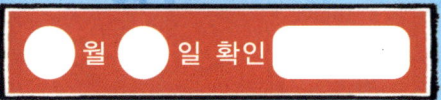

6급 마법급수한자 낱말 깨치기

단신
短身
짧을 단　몸 신

短身　短身　短身　短身
短身　短身　短身　短身

단신: 작은 키. 키가 작음.

단신
短信 (2-14쪽)
짧을 단　믿을 신

短信　短信　短信　短信
短信　短信　短信　短信

단신: 짧게 전하는 뉴스.

신체
身體
몸 신　몸 체

身體　身體　身體　身體
身體　身體　身體　身體

신체: 사람의 몸.

각도
角度
뿔 각　정도 도

角度　角度　角度　角度
角度　角度　角度　角度

각도: 각(角)의 크기. 사물을 생각하거나 바라보는 방향.

6급 마법급수한자 낱말 깨치기

○월 ○일 확인 ____

속도
速度
빠를 속 정도 도

速度 速度 速度 速度
速度 速度 速度 速度

속도: 물체가 나아가거나 일이 진행되는 빠르기.

약체
弱體
약할 약 몸 체

弱體 弱體 弱體 弱體
弱體 弱體 弱體 弱體

약체: 허약한 몸. 힘이 약한 조직이나 집단.

태반
2-52쪽
太半
클 태 반 반

太半 太半 太半 太半
太半 太半 太半 太半

태반: 절반 이상.

두각
38쪽
頭角
머리 두 뿔 각

頭角 頭角 頭角 頭角
頭角 頭角 頭角 頭角

두각: 재능이나 학식이 남과 비교해서 아주 뛰어남.

6급 마법급수한자 실력향상문제 제3회

1 다음 글을 읽고, 한자로 된 낱말의 음(音)을 한글로 쓰세요.

(1) 북을 칠 때에는 強弱을 잘 조절하며 쳐야 한다.

(2) 저 투수는 엄청나게 빠른 強速球를 던진다.

(3) 이 프로그램 중간에는 스포츠 短信을 모아서 전해 준다.

(4) 사진을 上半身이 나오게 찍어 주세요.

(5) 건강한 身體에 건강한 정신이 깃든다.

(6) 카메라 角度를 조금만 달리 해도 사진의 느낌이 달라진다.

(7) 그 자동차는 速力이 무척 빠르다.

(8) 화장실에 불이 나가서 電球를 새로 사 왔다.

(9) 갑자기 본 쪽지 시험에서 모르는 문제가 太半이었다.

(10) 무덤 앞을 지나려니 全身에 소름이 돋았다.

2 다음 한자어(漢字語)의 독음(讀音)을 쓰세요.

(1) 強大 (   )   (2) 弱小 (   )

(3) 時速 (   )   (4) 地球 (   )

(5) 全身 (   )   (6) 體重 (   )

(7) 直角 (   )   (8) 高度 (   )

(9) 強力 (   )   (10) 頭角 (   )

3 다음 한자의 훈(訓)과 음(音)을 쓰세요.

(1) 球　(　　　　　)　　(2) 度　(　　　　　)

(3) 半　(　　　　　)　　(4) 短　(　　　　　)

(5) 身　(　　　　　)　　(6) 弱　(　　　　　)

(7) 角　(　　　　　)　　(8) 速　(　　　　　)

(9) 強　(　　　　　)　　(10) 體　(　　　　　)

4 다음 글을 읽고, 밑줄 친 낱말을 한자로 쓰세요.

(1) 이 차는 엔진의 힘이 정말 강력하다.

(2) 우리나라는 반만년의 역사를 지닌 나라이다.

(3) 농구 경기는 아무래도 장신이 유리하다.

(4) 저 박물관은 유물들을 입체 사진으로 보여 준다.

(5) 나는 얼굴이 사각형이다.

(6) 왕은 행차 도중에 백성들과 직접 이야기를 나누었다.

(7) 이 경기만 이기면 자력으로 월드컵 본선에 진출한다.

(8) 저 애는 전교에서 달리기를 제일 잘 한다.

(9) 오전에 숙제를 다 끝내고, 오후에는 수영장에 갔다.

(10) 광복절 아침에 대문에다 국기를 달았다.

5 다음 빈칸에 들어갈 한자를 쓰세요.

(1) 一長一 ☐ : 장점과 단점을 동시에 지니고 있음.

(2) 一心同 ☐ : 한 마음 한 몸으로 굳게 뭉침.

(3) 後 ☐ : 어떤 일이나 시기를 반으로 나눴을 때의 뒷부분.

(4) 地 ☐ : 우리가 살고 있는, 태양에서 세 번째로 가까운 행성.

6 다음 한자어(漢字語)의 뜻을 쓰세요.

(1) 弱者

(2) 球速

(3) 半身

(4) 溫度

7 다음 한자와 상대 또는 반대되는 한자를 〈보기〉에서 골라 그 번호를 쓰세요.

| 보기 | ①高　②強　③長　④小　⑤大　⑥心 |

(1) 弱 (　　　) 　　(2) 短 (　　　)

(3) 身 (　　　)

8 다음 물음에 대한 답을 〈보기〉에서 골라 그 번호를 쓰세요.

> 보기 ①體 ②道 ③線 ④各 ⑤名 ⑥足

(1) 身과 뜻이 비슷한 한자는?

(2) 角과 음이 같은 한자는?

(3) 度와 음이 같은 한자는?

9 다음 한자에서 ㉠획은 몇 번째 획일까요?

① 두 번째
② 세 번째
③ 네 번째
④ 다섯 번째

10 다음 한자에서 ㉠획은 몇 번째 획일까요?

① 두 번째
② 세 번째
③ 네 번째
④ 다섯 번째

고작금승전고대제용자

 입이 열 개!   옛 **고** 古!

 날이 가서 어제가 됐다!   어제 **작** 昨!

 사람은 이제부터!   이제 **금** 今!

 힘을 써서 이기니!   이길 **승** 勝!

 창 들고 싸움하니!   싸움 **전** 戰!

 풀을 씹으니 너무 써서!   쓸 **고** 苦!

두 사람이 절에서 기다려!   기다릴 **대** 待!

 대나무 꽂은 아우 제는!   차례 **제** 第!

 용사는 힘 세고 날래서!   날랠 **용** 勇!

노인이 이놈 저놈 하니!   놈 **자** 者!

낱말을 만들어 봐!
古今, 昨今, 勝戰
戰勝, 苦待, 苦戰
勇者, 勝者!

천하제일(天下第一), 고대(苦待), 생명(生命)

입이 열 개! 옛 고 古!

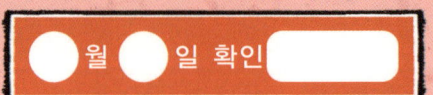

古 昨 今 勝 戰 苦 待 第 勇 者

훈 옛 음 고

口 부수 (입구 부수)

옛날에 입(口)이 열(十) 개나 되는 괴물이 살았대! 어떻게 아냐고? 옛 고(古)를 보면 알지!

필순에 따라 써 보세요.

총 5획

古 古 古 古 古

옛 고

이렇게 쓰여요.

고목 / 옛 고 나무 목 [8급]

고목: 아주 오래된 큰 나무. "저 고목의 나이는 무려 천 살이 넘었다."

중 고 / 가운데 중 [8급] 옛 고

중고: 이미 사용했거나 오래된 것. 중고품. "벼룩시장에서 중고 가구를 샀는데 아주 마음에 든다."

옛날로 돌아가라!
옛 고!
와!

날이 가서 어제가 됐다! 어제 작 昨!

●월 ●일 확인

훈 어제 음 작

日 부수 (날일 부수)

일요일이 벌써 어제가 됐구나! 숙제부터 하고 놀걸!

古 昨 今 勝 戰 苦 待 第 勇 者

필순에 따라 써 보세요.

총 9획

丨 亻 亻 日 日 日' 昨 昨 昨 昨

필순

어제 작

이렇게 쓰여요.

작 년

[8급]
어제 작 해 년

작년: 지난 해. "작년에는 가뭄이 들어 걱정이었는데, 금년에는 비가 너무 많이 와서 걱정이다."

작 일

[8급]
어제 작 날 일

작일: '어제'의 옛날식 표현. "작일까지만 해도 임금의 병이 낫고 있었으나 금일에 이르러 갑자기 심해지셨다고 하오."

어제 누군가 마법천자패를 훔쳐 갔어!

사람은 이제부터! 이제 금 今!

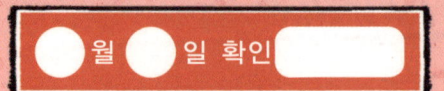

古 昨 **今** 勝 戰 苦 待 第 勇 者

훈 이제 음 금

人 부수 (사람인 부수)

이제부터 이제 금(今)자라고 부르겠어!

필순에 따라 써 보세요.

총 4획

今 今 今 今

이제 금

이렇게 쓰여요.

금년 / 이제 금 해 년 (8급)

금년: 올해. "논이 온통 황금빛인 것을 보니 금년에도 풍년이 틀림없다."

방 금 / 모 방 이제 금 (7급)

방금: 바로 조금 전. "방금 지나간 게 영수 맞지?"

다시 현재로 가자!

이제 금!

힘을 써서 이기니! 이길 승 勝!

월 일 확인

훈 이길 음 승

力 부수 (힘력 부수)

古昨今勝戰苦待第勇者

필순에 따라 써 보세요.

총 12획

필순

이길 승

이렇게 쓰여요.

승산 / 이길 승 · 셈할 산 (7급)

승산: 이길 수 있는 가능성. "승산은 적지만, 해 볼 만한 시합이다."

대승 / 큰 대 · 이길 승 (8급)

대승: 전쟁이나 경기에서 크게 이김. "예상을 뒤엎고 우리나라 축구 팀이 프랑스에게 대승을 거뒀다."

나의 승리!

6급 마법급수한자

창 들고 싸움하니! 싸움 전 戰!

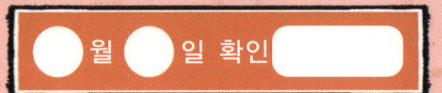

古 昨 今 勝 戰 苦 待 第 勇 者

훈 싸움 음 전

戈 부수 (창과 부수)

필순에 따라 써 보세요.

총 16획

戰戰戰戰罒單單單戰戰戰

싸움 전

이렇게 쓰여요.

戰車 / 戰車 (7급)
전 차 / 싸움 전 수레 차

전차: 전투에 쓰이는, 두꺼운 철판으로 둘러싸고 총포로 무장한 차량. "전차 위의 군인 아저씨들을 향해 손을 흔들었다."

休戰 / 休戰 (7급)
휴 전 / 쉴 휴 싸움 전

휴전: 서로 합의하여 얼마 동안 전쟁을 멈추는 일. "두 나라는 휴전에 합의하고, 군대를 철수시켰다."

6급 마법급수한자

풀을 씹으니 너무 써서! 쓸 고 苦!

○월 ○일 확인 □

훈 쓸   음 고

++(艸) 부수 (초두머리/풀초 부수)

풀[++(艸)]이 얼마나 쓴지 고통스러울 정도야!

古昨今勝戰苦待第勇者

필순에 따라 써 보세요.

총 9획

苦苦苦苦苦苦苦苦苦

필순

쓸 고

이렇게 쓰여요.

苦心	苦心
고 심	쓸 고 마음 심

7급

고심: 어떤 일을 결정하거나 해결하려고 생각을 많이 하며 애를 씀. "아빠는 고심 끝에 언니의 결혼을 허락하셨습니다."

苦生	苦生
고 생	쓸 고 날 생

8급

고생: 어렵고 고된 일을 겪음. 어렵고 힘든 생활. "고생 끝에 낙(樂)이라더니 드디어 우리 집이 생겼어."

쓴 맛을 봐라!
쓸 고!

77

6급 마법급수한자

두 사람이 절에서 기다려! **기다릴 대 待!**

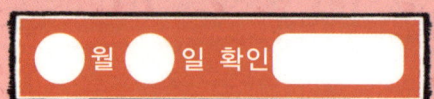
월 일 확인

古昨今勝戰苦 **待** 第勇者

훈 기다릴 음 대

彳 부수 (두인변/조금 걸음 척 부수)

절(寺 절 사)에서 두 사람(彳 두인변 부수)이 기다리고 있어요.

필순에 따라 써 보세요.

총 9획

待 待 待 待 待 待 待 待 待

기다릴 대

이렇게 쓰여요.

| 期待 | 期待 (5급) |
| 기 대 | 기약할 기 기다릴 대 |

기대: 어떤 일이 이루어지길 바라고 기다림. "열심히 공부한 만큼 이번 시험에 대한 기대가 크다."

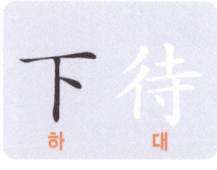 

下待 / 下待 (7급)
하 대 / 아래 하 기다릴 대

하대: 상대편을 낮게 대우함. "그 어른께서는 아무리 보잘것없는 사람이라도 함부로 하대하시는 법이 없네."

기다릴까? / 그래!

6급 마법급수한자

대나무 꽂은 아우 제는! 차례 제 第!

훈 차례 음 제

竹 부수 (대죽 부수)

아우 제(弟)에는 피뢰침을 꽂았지만, 차례 제(第)에는 대나무(竹 대 죽)를 꽂았어!

古昨今勝戰苦待**第**勇者

필순에 따라 써 보세요.

총 11획

第 第 第 第 第 第 第 第 第 第 第

필순

차례 제

이렇게 쓰여요.

第一 / 第一 (8급)
제 일 / 차례 제 한 일

제일: 여럿 가운데서 첫째가는 것. "세계에서 제일 높은 산은 에베레스트 산이다."

第三 / 第三 (8급)
제 삼 / 차례 제 석 삼

제삼: 여럿 가운데 셋째가는 것. 고려의 대상 이외의 사람이나 사물. "이건 둘 사이의 문제이니, 제삼자가 나서는 것은 좋지 않다."

내가 제일 못생겼다고? 네가 그런 소문을 퍼뜨렸지!

용사는 힘 세고 날래서! 날랠 용 勇!

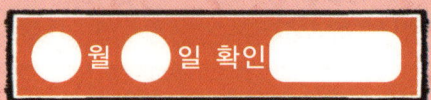

古昨今勝戰苦待第**勇**者

勇
훈 날랠 음 용

力 부수 (힘력 부수)

이얍! 덤벼!
나는 세상에서 제일
힘세고 날랜 용사다!

필순에 따라 써 보세요.

총 9획

勇 勇 勇 勇 勇 勇 勇 勇 勇

날랠 용

이렇게 쓰여요.

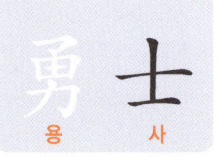 
용 사 / 날랠 용 선비 사 (5급)

용사: 용맹스러운 사람. "그의 이름만 듣고도 내노라하는 용사들이 제 발로 찾아왔다."

용 감 / 날랠 용 감히 감 (4급)

용감: 용기 있고 씩씩함. "그는 다른 사람들이 비명만 지를 동안에 용감하게 불 속에 뛰어들어 아이를 안고 나왔다."

내가 얼마나 용감한지 보여 주겠어!

모두 덤벼!

노인이 이놈 저놈 하니! 놈 자 者!

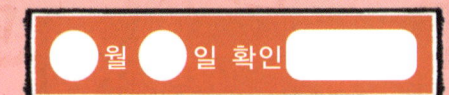

훈 놈(사람) 음 자

耂(老) 부수 (늙을로 부수)

古昨今勝戰苦待第勇者

필순에 따라 써 보세요.

총 9획

耂 耂 耂 者 者 者 者 者 者

놈 자

이렇게 쓰여요.

7급
記者
기록할 기 / 놈 자

기자: 신문, 잡지, 방송 등에 실릴 기사를 쓰거나 편집하는 사람. "그 가수가 공항에 도착하자 기자들이 와르르 몰려들었다."

8급
學者
배울 학 / 놈 자

학자: 학문을 연구하는 사람. "어릴 적부터 책을 끼고 사는 것을 보니, 커서 학자가 되려나 보구나."

81

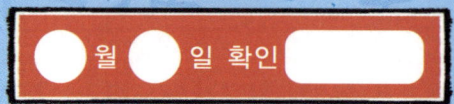

6급 마법급수한자 낱말 깨치기

작금
昨今
어제 작 이제 금

작금: 어제와 오늘.

승전
勝戰
이길 승 싸움 전

승전: 싸움에서 이김.

고전
苦戰
쓸 고 싸움 전

고전: 전투나 운동 경기에서 몹시 힘들고 어렵게 싸움.

고대
苦待
쓸 고 기다릴 대

고대: 몹시 기다림.

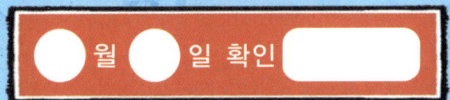

승자

勝者
이길 승　놈 자

승자: 운동 경기나 싸움에서 이긴 사람.

작전

1-73쪽
作戰
지을 작　싸움 전

작전: 어떤 일을 이루기 위해 세우는 대책이나 방법.

고서

1-94쪽
古書
옛 고　글 서

고서: 나온 지 아주 오래된 책.

승리

2-55쪽
勝利
이길 승　이로울 리

승리: 전쟁이나 운동 경기에서 상대방을 눌러 이김.

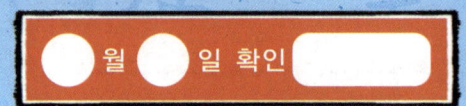

고대

古代 (2-16쪽)
옛 고 대신할 대

고대 : 역사에서 원시 시대와 중세 사이의 시대.

용기

勇氣 (7급)
날랠 용 기운 기

용기 : 씩씩하고 굳센 기운.

제삼자

第三者 (8급)
차례 제 석 삼 놈 자

제삼자 : 어떤 일에 직접 관계가 없는 사람.

동서고금

東西古今 (8급) (8급)
동녘 동 서녘 서 옛 고 이제 금

동서고금 : 동양과 서양, 옛날과 오늘날.

1 다음 글을 읽고, 한자로 된 낱말의 음(音)을 한글로 쓰세요.

(1) 신하는 왕에게 昨今의 현실을 비판하는 글을 올렸다.

(2) 할아버지의 취미는 古書 수집이다.

(3) 그 아이의 勇氣 있는 한마디에 어른들 모두가 부끄러워했다.

(4) 상대편 선수들이 워낙 뛰어나서 경기 내내 苦戰을 했다.

(5) 이 싸움에는 勝者도 패자도 없다.

(6) 몇 주일째 苦待하던 답장이 왔다.

(7) 바자회에서 中古 장난감을 싸게 샀다.

(8) 도둑을 잡은 삼촌이 勇敢한 시민상을 받았다.

(9) 苦生 끝에 낙이라더니 삼촌이 드디어 시험에 합격했다.

(10) 우리 팀이 1점 차이로 勝利했다.

2 다음 한자어(漢字語)의 독음(讀音)을 쓰세요.

(1) 古木 (　　　) (2) 昨年 (　　　)

(3) 方今 (　　　) (4) 勝算 (　　　)

(5) 生活苦 (　　　) (6) 第一 (　　　)

(7) 記者 (　　　) (8) 老弱者 (　　　)

(9) 今年 (　　　) (10) 休戰 (　　　)

3 다음 한자의 훈(訓)과 음(音)을 쓰세요.

(1) 古 (　　　　) (2) 苦 (　　　　)

(3) 戰 (　　　　) (4) 者 (　　　　)

(5) 待 (　　　　) (6) 第 (　　　　)

(7) 勇 (　　　　) (8) 昨 (　　　　)

(9) 今 (　　　　) (10) 勝 (　　　　)

4 다음 글을 읽고, 밑줄 친 낱말을 한자로 쓰세요.

(1) 축구 경기에서 한국이 프랑스에게 다섯 점 차로 대승을 거뒀다.

(2) 두 나라는 크리스마스 하루 동안 휴전을 하기로 했다.

(3) 언니는 어느 대학에 갈까 고심하는 중이다.

(4) 대합실에는 대여섯 명의 사람들이 기차를 기다리고 있었다.

(5) 이 문제에 관해서 나는 제삼자일 수밖에 없다.

(6) 공룡이 사라진 이유에 대해서는 학자들마다 의견이 다르다.

(7) 생후 10개월이 되자 아기는 걸음마를 시작했다.

(8) 그는 착한 사람이니까 천국에 갔을 거야.

(9) 입춘이 지난 지가 한창인데도 아직도 한겨울 같다.

(10) 태극기를 든 기수가 맨 앞에 서서 걸어갔다.

5 다음 빈칸에 들어갈 한자를 쓰세요.

(1) 東西 ☐ 今 : 동양과 서양, 옛날과 지금.

(2) 天下 ☐ 一 : 세상에 견줄 만한 것이 없이 최고임.

(3) ☐ 氣 : 씩씩하고 굳센 기운.

(4) 苦 ☐ : 몹시 기다림.

6 다음 한자어(漢字語)의 뜻을 쓰세요.

(1) 勝戰

(2) 古書

(3) 記者

(4) 古木

7 다음 한자와 상대 또는 반대되는 한자를 〈보기〉에서 골라 그 번호를 쓰세요.

보기 ①新 ②術 ③樂 ④行 ⑤高 ⑥昨

(1) 古 (   )   (2) 苦 (   )

(3) 今 (   )

8 다음 물음에 대한 답을 〈보기〉에서 골라 그 번호를 쓰세요.

> 보기 ① 全 ② 男 ③ 番 ④ 強 ⑤ 用 ⑥ 弟

(1) 第와 뜻이 비슷한 한자는?

(2) 勇과 음이 같은 한자는?

(3) 戰과 음이 같은 한자는?

9 다음 한자에서 ㉠획은 몇 번째 획일까요?

① 여섯 번째
② 일곱 번째
③ 여덟 번째
④ 아홉 번째

10 다음 한자에서 ㉠획은 몇 번째 획일까요?

① 다섯 번째
② 여섯 번째
③ 일곱 번째
④ 여덟 번째

청풍설향온화반성대감

 푸를 청을 물에 담가!   맑을 **청** 淸!

 바람 부니 돛 올려라!   바람 **풍** 風!

 비가 눈으로 바뀌니!   눈 **설** 雪!

 창문을 어느 방향으로 낼까?   향할 **향** 向!

물을 데워 그릇 씻는!   따뜻할 **온** 溫!

 벼와 입은 화목해서!   화목할 **화** 和!

 손을 반대로 뒤집으니!   돌이킬 **반** 反!

 적을 소를 눈으로 살피니!   살필 **성** 省!

 가까이서 마주 대하니!   대할 **대** 對!

마음으로 느끼니!   느낄 **감** 感!

낱말을 만들어 봐!
淸風, 風向, 溫和,
反省, 反對, 反感,
溫風!

되찾은 평화

소용(所用)

반성(反省), 세계(世界), 평화(平和), 온화(溫和), 청풍명월(淸風明月), 동감(同感)

6급 마법급수한자

푸를 청을 물에 담가! 맑을 청 清!

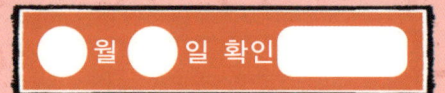 월 ● 일 확인

清風雪向溫和反省對感

훈 맑을　음 청

氵(水)부수 (삼수변/물수 부수)

푸를 청(靑)을 맑은 물(水)에 담갔더니 맑을 청(淸)이 됐어!

필순에 따라 써 보세요.

총 11획

淸淸淸淸淸淸淸淸淸淸淸

맑을 청

이렇게 쓰여요.

청 명　맑을 청 밝을 명　2-39쪽

청명: 날씨가 맑고 깨끗함. "하늘이 구름 한 점 없이 청명하다."

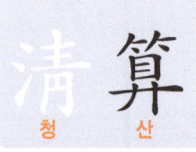 
청 산　맑을 청 셈할 산　7급

청산: 빚이나 주고받을 돈을 계산하여 깨끗이 정리함. "집을 팔아 모든 빚을 청산하였다."

정말 오랜만에 보는 청명한 하늘이군!

구름 한 점 없어!

바람 부니 돛 올려라! 바람 풍 風!

風
훈 바람 음 풍

風 부수 (바람풍 부수)

清風雪向溫和反省對感

필순에 따라 써 보세요.

총 9획

丿 凡 凡 凡 凨 凨 風 風 風

바람 풍

이렇게 쓰여요.

風車 / 風車 [7급]
풍   차 / 바람 풍 수레 차

풍차: 바퀴에 날개를 달아 바람으로 회전시켜 힘을 얻는 장치. "네덜란드 하면 제일 먼저 풍차와 튤립이 떠오른다."

風物 / 風物 [7급]
풍   물 / 바람 풍 물건 물

풍물: 한 지방의 특색 있는 경치나 생활 모습. "나는 세계의 외딴곳을 여행하면서 그 지역의 풍물을 소개하는 글을 쓴다."

불어라! 바람 풍!

93

6급 마법급수한자

비가 눈으로 바뀌니! 눈 설 雪!

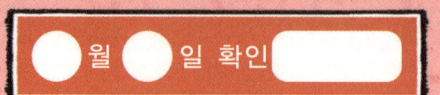
월 일 확인

清風雪向溫和反省對感

훈 눈 음 설
雨 부수 (비우 부수)

손을 대어 보니 비가 어느새 눈으로 바뀌었네!

필순에 따라 써 보세요.

총 11획

雪雪雪雪雪雪雪雪雪雪雪

필순

눈 설

이렇게 쓰여요.

雪景
설 경

雪景 [5급]
눈설 볕경

설경: 눈이 내리거나 눈이 쌓인 경치. "천지가 하얗게 뒤덮인 지리산의 설경은 정말 신비로웠다."

大雪
대 설

大雪 [8급]
큰대 눈설

대설: 아주 많이 오는 눈. "오늘 밤 전국에 대설주의보가 내렸다."

와! 눈이다!

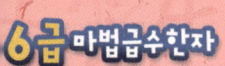

창문을 어느 방향으로 낼까? 향할 향 向!

훈 향할 음 향

口 부수 (입구 부수)

清風雪向溫和反省對感

필순에 따라 써 보세요.

총 6획

向 向 向 向 向

필순

향할 향

이렇게 쓰여요.

 7급

방 향   모 방   향할 향

방향: 향하거나 나아가는 쪽. "산에서는 자칫 잘못하면 방향을 잃기 쉽다."

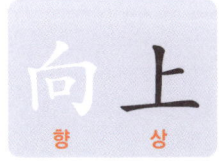 
향 상   향할 향   위 상

향상: 실력이나 수준, 기술 등이 전보다 나아짐. "이번 기록 향상은 피나는 노력의 결과이다."

6급 마법급수한자

물을 데워 그릇 씻는! 따뜻할 온 溫!

清風雪向溫和反省對感

溫
훈 따뜻할 음 온

氵(水) 부수 (삼수변/물수 부수)

그릇(皿 그릇 명)을 씻으려고 따뜻한 물을 받고 있는 중이야.

필순에 따라 써 보세요.

총 13획

溫溫溫溫溫溫溫溫溫溫溫溫溫

필순

따뜻할 온

이렇게 쓰여요.

氣溫
기 온

7급
氣溫
기운 기 따뜻할 온

기온: 대기의 온도. 어떤 곳의 온도. "기온이 갑자기 떨어져서 감기에 걸린 사람이 부쩍 늘었다."

溫水
온 수

8급
溫水
따뜻할 온 물 수

온수: 따뜻한 물. "온수로 목욕을 하고 나니까 피로가 씻은 듯 사라졌다."

따뜻해져라!

따뜻할 온!

벼와 입은 화목해서! 화목할 화 和!

훈 화목할 음 화

口 부수 (입구 부수)

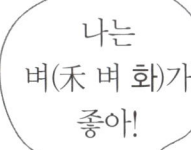
나는 벼(禾 벼 화)가 좋아!

나는 입(口)이 좋아!

清風雪向溫和反省對感

필순에 따라 써 보세요.

총 8획

和 和 千 禾 禾 和 和 和

화목할 화

이렇게 쓰여요.

平和 / 7급 平和
평 화 / 평평할 평 화목할 화

평화: 전쟁이나 다툼이 없이 평안한 상태. "지난 백 년간 그 나라는 평화로웠던 적이 거의 없었다."

不和 / 7급 不和
불 화 / 아닐 불 화목할 화

불화: 서로 사이가 좋지 않음. "가정 불화는 자라나는 청소년들에게 나쁜 영향을 미친다."

형제끼리 앞으로는 싸우지 말고 화목하게 지내! / 싸움 끝! / 음.

손을 반대로 뒤집으니! 돌이킬 반 反!

清風雪向溫和反省對感

훈 돌이킬 음 반

又 부수 (또우 부수)

저 애랑 반대편이 되었네! 反 속의 又는 오른손을 본뜬 글자야!

필순에 따라 써 보세요.

총 4획

反 反 反 反

필순

反
돌이킬 반

이렇게 쓰여요.

反旗
반 기

7급
反旗
돌이킬 반 기 기

반기: 반항이나 반란의 뜻으로 드는 기(旗). "그들은 정부의 방침에 반기를 들었다."

反日
반 일

8급
反日
돌이킬 반 날 일

반일: 일본(日本)에 반대하여 대항하는 일. "독도 문제로 반일 감정이 어느 때보다 거세졌다."

되돌려 줘라!

돌이킬 반!

98

적을 소를 눈으로 살피니! 살필 성 省!

훈 살필/덜 음 성/생

目부수 (눈목 부수)

눈(目 눈 목)으로 잘 살펴 봐!

적을 소(少)네!

清風雪向溫和反省對感

필순에 따라 써 보세요.

총 9획

省 省 省 省 省 省 省 省 省

살필 성

이렇게 쓰여요.

자 성   스스로 자 살필 성 (7급)

자성: 자신의 태도나 행동을 스스로 반성함. "부유층의 과소비에 대한 자성의 목소리가 높아지고 있다."

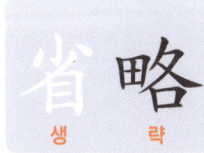 
생 략   덜 생 간략할 략 (4급)

생략: 어떤 부분을 빼서 짧게 줄임. "자세한 설명은 생략하고 우선 결론부터 말씀드리겠습니다."

잘못했어요. 깊이 반성해서 앞으로 다시는···

6급 마법급수한자

가까이서 마주 대하니! **대할 대 對**!

○ 월 ○ 일 확인 ▭

清風雪向溫和反省對感

훈 대할 음 대

寸 부수 (마디촌 부수)

너와 나 둘만의 대결이다!

실력 대 실력의 대결이다!

필순에 따라 써 보세요.

총 14획

對 對 對 對 對 對 對 對 對 對 對 對 對 對

대할 대

이렇게 쓰여요.

對	答
대	답

7급

對	答
대할 대	대답할 답

대답: 상대가 묻거나 요구하는 것에 대해 알려 주거나 자신의 태도를 밝히는 말. "변명은 그만 하고 묻는 말에나 대답해!"

對	立
대	립

7급

對	立
대할 대	설 립

대립: 생각이나 입장이 서로 반대되거나 맞지 않음. "한 시간이 넘도록 토론을 벌였지만, 의견 대립은 계속됐다."

이렇게 가까이서 대하니 정말 미남이시네요.

그런 소리를 많이 듣지.

100

마음으로 느끼니! 느낄 감 感!

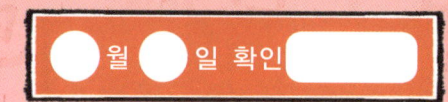

훈 느낄 음 감

心 부수 (마음심 부수)

저 애의 마음(心)이 느껴지는 것 같아!

清風雪向溫和反省對 感

필순에 따라 써 보세요.

총 13획

感 感 感 感 感 感 感 感 感 感 感 感 感

필순

느낄 감

이렇게 쓰여요.

所感 / 所(7급) 感
소 감 / 바 소 느낄 감

소감: 마음에 느낀 바. "이 영화를 보고 난 소감을 말해 봐."

語感 / 語(7급) 感
어 감 / 말씀 어 느낄 감

어감: 말소리나 말투에서 느껴지는 독특한 느낌과 맛. "자동차의 이름에서는 무엇보다 어감이 중요하다."

두목에게 감동했어요!

뭘 그런 걸 가지고!

풍향

風向
바람 풍　향할 향

風向　風向　風向　風向
風向　風向　風向　風向

풍향 : 바람이 불어오는 방향.

온화

溫和
따뜻할 온　화목할 화

溫和　溫和　溫和　溫和
溫和　溫和　溫和　溫和

온화 : 날씨가 따뜻함. 사람의 성품이 순하고 부드러움.

반성

反省
돌이킬 반　살필 성

反省　反省　反省　反省
反省　反省　反省　反省

반성 : 자신의 말이나 행동에 잘못이 없는지 돌이켜 생각함.

반대

反對
돌이킬 반　대할 대

反對　反對　反對　反對
反對　反對　反對　反對

반대 : 두 사물의 모양이나 위치 따위가 서로 등지거나 맞섬.

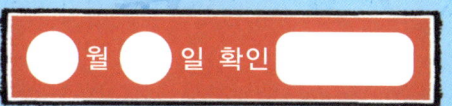

6급 마법급수한자 낱말 깨치기

반감
反感
돌이킬 반 느낄 감

反感 反感 反感 反感
反感 反感 反感 反感

반감: 반대하거나 반항하는 감정.

온풍
溫風
따뜻할 온 바람 풍

溫風 溫風 溫風 溫風
溫風 溫風 溫風 溫風

온풍: 따뜻한 바람.

화음
1-10쪽
和音
화목할 화 소리 음

和音 和音 和音 和音
和音 和音 和音 和音

화음: 높이가 다른 둘 이상의 음이 함께 울릴 때 어울리는 소리.

공감
2-31쪽
共感
함께 공 느낄 감

共感 共感 共感 共感
共感 共感 共感 共感

공감: 남의 생각이나 의견에 대해 자신도 그렇게 느낌.

6급 마법급수한자 낱말 깨치기

○월 ○일 확인 ____

대등

對等 (13쪽)
대할 대 등급 등

對等 對等 對等 對等
對等 對等 對等 對等

대등: 높고 낮음이 없이 서로 비슷함.

화합

和合 (16쪽)
화목할 화 합할 합

和合 和合 和合 和合
和合 和合 和合 和合

화합: 화목하게 어울림.

만년설

萬年雪 (8급 8급)
일만 만 해 년 눈 설

萬年雪 萬年雪
萬年雪 萬年雪

만년설: 추운 지방에서 일 년 내내 녹지 않고 쌓여 있는 눈.

청풍명월

淸風明月 (2-39쪽 8급)
맑을 청 바람 풍 밝을 명 달 월

淸風明月 淸風
淸風明月 明月

청풍명월: 맑은 바람과 밝은 달.

1 다음 글을 읽고, 한자로 된 낱말의 음(音)을 한글로 쓰세요.

(1) 깃발이 휘날리는 모습을 보면 風向을 알 수 있다.

(2) 겨울인데도 며칠째 溫和한 날씨가 이어졌다.

(3) 너는 反省하는 마음이 조금도 없구나!

(4) 저 애는 내가 하는 말마다 反對를 한다.

(5) 막상 얘기를 나누다 보니 反感이 많이 누그러졌다.

(6) 방이 더우니 溫風을 조금만 줄여 주시겠어요?

(7) 하늘이 구름 한 점 없이 淸明하다.

(8) 작년보다 기록이 더 向上되었다.

(9) 자세한 설명은 省略하고 결과만 말해 주세요.

(10) 선생님이 질문하시면 큰소리로 對答하세요.

2 다음 한자어(漢字語)의 독음(讀音)을 쓰세요.

(1) 淸算 ( )   (2) 風物 ( )

(3) 大雪 ( )   (4) 方向 ( )

(5) 氣溫 ( )   (6) 平和 ( )

(7) 自省 ( )   (8) 對立 ( )

(9) 對等 ( )   (10) 萬年雪 ( )

3 다음 한자의 훈(訓)과 음(音)을 쓰세요.

(1) 雪 (　　　　) (2) 感 (　　　　)

(3) 和 (　　　　) (4) 淸 (　　　　)

(5) 省 (　　　　) (6) 待 (　　　　)

(7) 溫 (　　　　) (8) 反 (　　　　)

(9) 風 (　　　　) (10) 向 (　　　　)

4 다음 글을 읽고, 밑줄 친 낱말을 한자로 쓰세요.

(1) 저 풍차들은 바닷바람에 의해 돌아간다.

(2) 백설이 온 세상을 하얗게 뒤덮었다.

(3) 그 애는 온실 속의 화초처럼 자라났다.

(4) 나는 그 말에 "왜?" 하고 반문했다.

(5) 우리 아빠는 나랑 대화가 잘 통한다.

(6) 우승한 소감이 어때?

(7) 그 산은 오랜 노력 끝에 자연 그대로의 모습을 되찾았다.

(8) 증거를 들이대자 범인은 순순히 자백했다.

(9) 그 선비는 출세에는 도무지 관심이 없었다.

(10) 막내 동생의 백일 잔치가 열렸다.

5 다음 빈칸에 들어갈 한자를 쓰세요.

(1) 淸 [ ] 明月 : 맑은 바람과 밝은 달.

(2) 人事不 [ ] : 제 몸에 벌어지는 일도 모를 만큼 정신을 잃음.

(3) 不 [ ] : 서로 사이가 좋지 않음.

(4) [ ] 旗 : 반항이나 반란의 뜻으로 드는 기.

6 다음 한자어(漢字語)의 뜻을 쓰세요.

(1) 風向

(2) 高溫

(3) 共感

(4) 和合

7 다음 한자와 상대 또는 반대되는 한자를 〈보기〉에서 골라 그 번호를 쓰세요.

보기 ①戰   ②合   ③小   ④正   ⑤太   ⑥答

(1) 和 (   )   (2) 大 (   )

(3) 反 (   )

8 다음 물음에 대한 답을 〈보기〉에서 골라 그 번호를 쓰세요.

> 보기 ①學 ②待 ③火 ④業 ⑤太 ⑥訓

(1) 敎와 뜻이 비슷한 한자는?

(2) 對와 음이 같은 한자는?

(3) 和와 음이 같은 한자는?

9 다음 글을 읽고, 〈보기〉에서 밑줄 친 부분을 뜻으로 갖는 글자를 골라 한자로 쓰세요.

> 보기 雪 溫 和 風 淸 感

(1) 아침에 일어나 보니 하얗게 눈이 내리고 있었다.

(2) 오늘은 바람이 많이 불어 쌀쌀하다.

(3) 봄이 되면 따뜻한 햇빛에 새싹이 파릇파릇 돋아난다.

(4) 우리 가족은 매우 화목하다.

10 다음 글을 읽고, 잘못된 한자어를 바르게 고쳐 쓰세요.

(1) 오늘은 하늘에 구름 한 점 없이 靑明하다.

(2) 일기 예보에서 大說 주의보를 내렸다.

(3) 화가 난 친구는 불러도 待答을 하지 않았다.

(4) 음악 선생님은 花音을 넣어 노래를 부르라고 하셨다.

11 다음 한자에서 ㉠획은 몇 번째 획일까요?

① 두 번째
② 네 번째
③ 여섯 번째
④ 여섯 번째

12 다음 한자에서 ㉠획은 몇 번째 획일까요?

① 여덟 번째
② 아홉 번째
③ 열 번째
④ 열한 번째

13 다음 한자에서 ㉠획은 몇 번째 획일까요?

① 세 번째
② 네 번째
③ 여섯 번째
④ 일곱 번째

동음이의어

음은 같지만 뜻이 다른 한자들을 모아 보았어요.

고   古 옛 고   苦 쓸 고   高 높을 고

공   工 장인 공   功 공 공   空 빌 공   公 공평할 공   共 함께 공

구   九 아홉 구   口 입 구   球 공 구   區 구역 구

기   旗 기 기   氣 기운 기   記 기록할 기

대   大 큰 대   代 대신할 대   對 대할 대   待 기다릴 대

동   東 동녘 동   冬 겨울 동   動 움직일 동   同 한가지 동   洞 마을 동   童 아이 동

리   里 마을 리   利 이로울 리   李 성/오얏 리   理 다스릴 리

명   名 이름 명   命 목숨 명   明 밝을 명

문   門 문 문   問 물을 문   文 글월 문   聞 들을 문

반   半 반 반   反 돌이킬 반   班 나눌 반

부   父 아비 부   夫 지아비 부   不 아닐 부   部 거느릴/떼 부

사   四 넉 사   事 일 사   使 부릴 사   死 죽을 사   社 모일 사

※ 6급 시험에서 동음이의어는 2문제씩 출제됩니다.

소	小 작을 소 少 적을 소 所 바 소 消 사라질 소
수	水 물 수 手 손 수 數 셈할 수 樹 나무 수
시	市 시장 시 時 때 시 始 비로소 시
신	信 믿을 신 新 새 신 神 귀신 신 身 몸 신
유	有 있을 유 油 기름 유 由 말미암을 유
자	子 아들 자 字 글자 자 自 스스로 자 者 놈 자
장	長 길 장 場 마당 장 章 글 장
전	全 온전 전 前 앞 전 電 번개 전 戰 싸움 전
정	正 바를 정 定 정할 정 庭 뜰 정
제	弟 아우 제 第 차례 제 題 제목 제
주	主 주인 주 住 살 주 晝 낮 주 注 부을 주
화	火 불 화 花 꽃 화 話 말씀 화 和 화목할 화 畫 그림 화

부수별로 익히면 좋은 한자들

부수로 묶어서 외우면 뜻을 기억하기가 더 쉬워요.

辶
책받침 부수 : 道(길) 遠(멀다) 近(가깝다) 運(옮기다) 速(빠르다) 通(통하다)
'길', '걷다', '움직이다' 라는 뜻이 있어요.

力
힘력 부수 : 動(움직이다) 功(공을 세우다) 勝(이기다) 勇(날래다, 용감하다)
힘을 써서 하는 일과 관련된 한자예요.

日
날일 부수 : 春(봄) 時(때, 시간) 明(밝다) 晝(낮)
해, 시간, 날씨 등과 관련된 한자예요.

氵(水)
물수 부수 : 江(강) 海(바다) 洋(넓은 바다) 注(물을 붓다) 油(기름)
물과 관련된 한자예요.

木
나무목 부수 : 林(숲) 樹(나무) 植(심다) 果(과일나무) 根(뿌리) 本(뿌리)
나무와 관련된 한자예요.

土
흙토 부수 : 地(땅) 場(마당) 堂(땅 위에 지은 집)
흙이나 땅과 관련된 한자예요.

宀
갓머리/집면 부수 : 家(집, 가족) 室(집, 방) 安(집에 있으니 편안하다)
定(정하다, 집에 머무르다). 집과 관련된 한자예요.

心
마음심 부수 : 感(느끼다) 急(급하다) 意(뜻) 愛(사랑)
마음, 생각, 느낌 등과 관련된 한자예요.

示
보일시 부수 : 祖(할아버지, 조상) 神(귀신, 신) 社(모이다, 제사를 지내다) 禮(예식을 치르다)
조상, 제사, 귀신 등 돌아가신 분들과 관련된 한자예요.

言
말씀언 부수 : 語(말) 話(이야기) 記(쓰다, 기록하다) 讀(읽다) 訓(가르치다)
말과 관련된 한자예요.

艹(艸)
풀초 부수 : 草(풀) 花(꽃) 藥(약초) 苦(쓰다) 英(꽃)
풀이나 꽃과 관련된 한자예요.

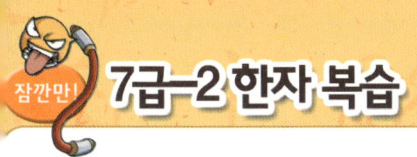

7급-2 한자 복습

6급 시험에서는 7급 한자 100자에 대한 쓰기 문제가 출제됩니다.
7급-2권에서 공부한 내용을 복습해 봅시다.

천지자연에 천백 개의 천강해!

天地自然千百川江海
천 지 자 연 천 백 천 강 해

天	地	自	然	千	百	川	江	海
하늘 천	땅 지	스스로 자	그럴 연	일천 천	일백 백	내 천	강 강	바다 해

天地, 自然, 天然, 江

차도가 불편하니 안전 등장! 장내로!

車道不便安全登場內
차 도 불 편 안 전 등 장 내

車	道	不	便	安	全	登	場	內
수레 거/차	길 도	아닐 불/부	편할 편	편안 안	온전 전	오를 등	마당 장	안 내

車道, 不便, 便安, 安全, 不安, 登場, 道場, 場內

113

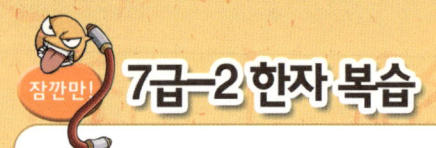

7급-2 한자 복습

6급 시험에서는 7급 한자 100자에 대한 쓰기 문제가 출제됩니다.
7급-2권에서 공부한 내용을 복습해 봅시다.

조부는 남자, 노소는 효심!

祖 夫 男 子 老 少 孝 心
조 부 남 자 노 소 효 심

祖	夫	男	子	老	少	孝	心
할아비 조	지아비 부	사내 남	아들 자	늙을 로	적을 소	효도 효	마음 심

男子, 老少, 孝子, 孝心

전화 공사 식가기사 공간!

電 話 工 食 家 記 事 空 間
전 화 공 식 가 기 사 공 간

電	話	工	食	家	記	事	空	間
번개 전	말씀 화	장인 공	먹을 식	집 가	기록할 기	일 사	빌 공	사이 간

電話, 工事, 食事, 家事, 記事, 家電, 空間, 間食

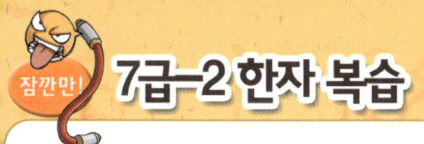

7급-2 한자 복습

6급 시험에서는 7급 한자 100자에 대한 쓰기 문제가 출제됩니다.
7급-2권에서 공부한 내용을 복습해 봅시다.

가수 기수가 수족 색휴지!

歌 旗 手 足 色 休 紙
가 기 수 족 색 휴 지

歌	旗	手	足	色	休	紙
노래 가	기 기	손 수	발 족	빛 색	쉴 휴	종이 지

歌手, 旗手, 手足, 色紙, 休紙

상하좌우전후에 내세!

上 下 左 右 前 後 來 世
상 하 좌 우 전 후 내 세

上	下	左	右	前	後	來	世
위 상	아래 하	왼 좌	오른 우	앞 전	뒤 후	올 래	세상 세

上下, 左右, 前後, 來世, 世上, 後世

6급 낱말 총정리

이 책에 등장하는 6급 및 6+7급, 6+8급 낱말의 목록입니다.
시험에 나온다고 생각하면서 이 낱말들을 읽어 보세요.

6급

角度	63
強速球	62
強弱	62
高級	20
古代	84
苦待	82
高度	61
高等	20
古書	83
苦戰	82
共感	103
科目	41
球速	62
級訓	21
短信	63
短身	63
對等	104
頭角	64
頭目	41
等高線	22
等級	20
反感	103
反對	102
反省	102
半身	62
番號	20
分班	17
速度	64
勝利	83
勝者	83
勝戰	82
身體	63
信號	22
失禮	30
弱者	53
弱體	64
洋服	40
永永	41
永遠	42
禮服	40
禮式	40
溫度	61
溫風	103
溫和	102
遠洋	42
衣服	40
理科	42
昨今	82
作戰	83
題目	41
集計	21
集合	22
集會	18
淸明	92
太半	64
風向	102
合計	21
合班	21
形式	42
和音	103
和合	104

6+7급

家訓	15
強力	52
苦心	77
高祖	12
高地	12
口頭	38
口號	11
級數	14
氣溫	96
記者	81
短命	56
對答	100
對立	100
同等	13
等數	13
每番	10
面目	39
目前	39

116

6급 낱말 총정리

問題	37	淸算	92	反日	98
反旗	98	體力	59	班長	22
方今	74	體重	59	白衣	33
方式	31	平和	97	生計	19
方向	95	風物	93	先頭	38
番地	10	風車	93	身長	58
不服	34	下待	78	弱小	53
不和	97	合同	16	永生	35
上衣	33	海洋	32	溫水	96
所感	101	向上	95	昨年	73
速力	54	後半	57	昨日	73
勝算	75	休戰	76	長短	56
時計	19			第三	79
時速	54	**6+8 급**		第三者	84
式場	31			第一	79
語感	101	角木	60	中古	72
永住	35	強大	52	集中	18
禮物	30	古木	72	淸風明月	104
勇氣	84	苦生	77	學科	36
自省	99	國號	11	學級	14
全科	36	今年	74	學者	81
電球	55	大雪	94	韓服	34
全身	58	大勝	75	合金	16
戰車	76	大洋	32	訓長	15
主題	37	東西古今	84		
地球	55	萬年雪	104		
直角	60	半年	57		

117

실력향상문제 해답

실력향상문제 제1회

1. (1) 번호 (2) 고등 (3) 등급 (4) 급훈
   (5) 합반 (6) 집계 (7) 매번 (8) 훈장
   (9) 반장 (10) 계산
2. (1) 신호 (2) 구호 (3) 동등 (4) 고급
   (5) 교훈 (6) 번지 (7) 집중 (8) 시계
   (9) 집회 (10) 합금
3. (1) 등급 급 (2) 등급 등 (3) 모을 집 (4) 나눌 반
   (5) 이름 호 (6) 차례 번 (7) 셈할 계 (8) 가르칠 훈
   (9) 높을 고 (10) 합할 합
4. (1) 高地 (2) 等數 (3) 學級 (4) 家訓
   (5) 合同 (6) 全集 (7) 白旗 (8) 中間
   (9) 有力 (10) 住所
5. (1) 計 (2) 等 (3) 等 (4) 級
6. (1) 학급을 대표하는 학생.
   (2) 높은 곳의 땅.
   (3) 할아버지의 할아버지.
   (4) 한 학급의 교육 목표를 짧은 문구로 나타낸 것.
7. (1) ③ (2) ④ (3) ③ (4) ②
8. (1) ② (2) ① (3) ④
9. ②   10. ①

실력향상문제 제2회

1. (1) 예식 (2) 양복 (3) 두목 (4) 과목
   (5) 제목 (6) 영영 (7) 해양 (8) 의복
   (9) 주제 (10) 과학
2. (1) 예물 (2) 방식 (3) 상의 (4) 한복
   (5) 영생 (6) 문제 (7) 선두 (8) 목전
   (9) 이과 (10) 불복
3. (1) 제목 제 (2) 머리 두 (3) 옷 의 (4) 길 영
   (5) 예절 례 (6) 큰 바다 양 (7) 과목 과 (8) 법 식
   (9) 눈 목 (10) 옷, 따를 복
4. (1) 答禮 (2) 正式 (3) 西洋 (4) 夏服
   (5) 主題 (6) 敎科書 (7) 登山 (8) 自動車
   (9) 家出 (10) 空白
5. (1) 衣 (2) 科 (3) 頭 (4) 式
6. (1) 먼 바다. 육지에서 멀리 떨어진 바다.
   (2) 식을 치르는 장소. 의식이 거행되는 장소.
   (3) 다른 사람을 대할 때의 떳떳함. 사람이나 사물의 겉모습.
   (4) 죽지 않고 영원히 삶.
7. (1) ⑤ (2) ② (3) ③
8. (1) ① (2) ⑥ (3) ②
9. ②   10. ③

실력향상문제 제3회

1. (1) 강약 (2) 강속구 (3) 단신 (4) 상반신
   (5) 신체 (6) 각도 (7) 속력 (8) 전구
   (9) 태반 (10) 전신
2. (1) 강대 (2) 약소 (3) 시속 (4) 지구
   (5) 전신 (6) 체중 (7) 직각 (8) 고도
   (9) 강력 (10) 두각
3. (1) 공 구 (2) 정도, 법도 도 (3) 반 반 (4) 짧을 단
   (5) 몸 신 (6) 약할 약 (7) 뿔 각 (8) 빠를 속
   (9) 강할 강 (10) 몸 체
4. (1) 强力 (2) 半萬年 (3) 長身 (4) 立體
   (5) 四角形 (6) 百姓 (7) 自力 (8) 全校
   (9) 午前 (10) 國旗
5. (1) 短 (2) 體 (3) 半 (4) 球
6. (1) 약한 사람. 힘이 약한 사람.
   (2) 공의 속도.
   (3) 몸의 절반.

실력향상문제 해답

　　(4) 따뜻하고 차가운 정도.
7 (1) ② (2) ③ (3) ⑥
8 (1) ① (2) ④ (3) ②
9 ③　　　　　10 ④

실력향상문제 제 4 회

1 (1) 작금 (2) 고서 (3) 용기 (4) 고전
　(5) 승자 (6) 고대 (7) 중고 (8) 용감
　(9) 고생 (10) 승리
2 (1) 고목 (2) 작년 (3) 방금 (4) 승산
　(5) 생활고 (6) 제일 (7) 기자 (8) 노약자
　(9) 금년 (10) 휴전
3 (1) 옛 고 (2) 쓸 고 (3) 싸움 전 (4) 놈(사람) 자
　(5) 기다릴 대 (6) 차례 제 (7) 날랠 용
　(8) 어제 작 (9) 이제 금 (10) 이길 승
4 (1) 大勝 (2) 休戰 (3) 苦心 (4) 待合室
　(5) 第三者 (6) 學者 (7) 生後 (8) 天國
　(9) 立春 (10) 旗手
5 (1) 古 (2) 第 (3) 勇 (4) 待
6 (1) 싸워서 이김. 전쟁에서 이김.
　(2) 오래된 책. 옛날 책.
　(3) 신문, 잡지, 방송 등에 실릴 기사를 쓰거나 편집하는 사람.
　(4) 아주 오래된 큰 나무.
7 (1) ① (2) ③ (3) ⑥
8 (1) ③ (2) ⑤ (3) ①
9 ③　　　　　10 ③

실력향상문제 제 5 회

1 (1) 풍향 (2) 온화 (3) 반성 (4) 반대
　(5) 반감 (6) 온풍 (7) 청명 (8) 향상
　(9) 생략 (10) 대답
2 (1) 청산 (2) 풍물 (3) 대설 (4) 방향
　(5) 기온 (6) 평화 (7) 자성 (8) 대립
　(9) 대등 (10) 만년설
3 (1) 눈 설 (2) 느낄 감 (3) 화목할 화
　(4) 맑을 청 (5) 살필 성/덜 생 (6) 기다릴 대
　(7) 따뜻할 온 (8) 돌이킬 반
　(9) 바람 풍 (10) 향할 향
4 (1) 風車 (2) 白雪 (3) 溫室 (4) 反問
　(5) 對話 (6) 所感 (7) 自然 (8) 自白
　(9) 出世 (10) 百日
5 (1) 風 (2) 省 (3) 和 (4) 反
6 (1) 바람의 방향. 바람이 불어오는 방향.
　(2) 높은 온도.
　(3) 남의 생각이나 의견에 대해 자신도 그렇게 느낌.
　(4) 화목하게 어울림.
7 (1) ① (2) ③ (3) ④
8 (1) ⑥ (2) ② (3) ③
9 (1) 雪 (2) 風 (3) 溫 (4) 和
10 (1) 靑明 → 淸明 (2) 大說 → 大雪
　(3) 待答 → 對答 (4) 花音 → 和音
11 ②
12 ③
13 ④

모의 한자능력검정시험 해답

모의 한자능력 검정시험 제1회

(1) 고음
(2) 미감
(3) 전술
(4) 야구
(5) 본체
(6) 합석
(7) 노약자
(8) 영원
(9) 통풍
(10) 신호
(11) 고등
(12) 집계
(13) 의복
(14) 단신
(15) 고서
(16) 용기
(17) 풍향
(18) 온화
(19) 반성
(20) 예복
(21) 두목
(22) 속도
(23) 승리
(24) 대등
(25) 생계
(26) 식장
(27) 신장
(28) 체력
(29) 향상
(30) 온수
(31) 강행
(32) 음속
(33) 길 영
(34) 큰 바다 양
(35) 정도 도(법도 도)
(36) 등급 급
(37) 등급 등(무리 등)
(38) 합할 합
(39) 이름 호
(40) 셈할 계
(41) 가르칠 훈
(42) 돌이킬 반
(43) 제목 제
(44) 머리 두
(45) 옷 복(따를 복)
(46) 짧을 단
(47) 몸 체
(48) 쓸 고
(49) 모을 집
(50) 기다릴 대
(51) 이제 금
(52) 이길 승
(53) 바람 풍
(54) 눈 설
(55) 느낄 감
(56) 화목할 화
(57) 향할 향
(58) 약할 약
(59) 뿔 각
(60) 빠를 속
(61) 살필 성(덜 생)
(62) 校長
(63) 軍人
(64) 大王
(65) 母國
(66) 山水
(67) 先生
(68) 女人
(69) 外三寸
(70) 中年
(71) 學父兄
(72) ⑦
(73) ①
(74) ④
(75) ②
(76) 반을 나눔.
(77) 큰 바다.
(78) ②
(79) ②
(80) ③

모의 한자능력 검정시험 제2회

(1) 화음
(2) 병자
(3) 급속
(4) 전사
(5) 풍습
(6) 원양
(7) 교감
(8) 대신
(9) 태고
(10) 풍문
(11) 급훈
(12) 예식
(13) 과목
(14) 반신
(15) 고대
(16) 반감
(17) 고급
(18) 합계
(19) 형식
(20) 약체
(21) 두각
(22) 작전
(23) 국호
(24) 훈장
(25) 합동
(26) 불복
(27) 학과
(28) 면목
(29) 강대
(30) 후반전
(31) 온도
(32) 전의
(33) 불화
(34) 모을 집
(35) 합할 합
(36) 차례 번
(37) 높을 고
(38) 제목 제
(39) 길 영
(40) 큰 바다 양
(41) 눈 목
(42) 공 구
(43) 반 반
(44) 몸 체
(45) 강할 강
(46) 뿔 각
(47) 옛 고
(48) 싸움 전
(49) 기다릴 대
(50) 이제 금
(51) 날랠 용

모의 한자능력검정시험 해답

(52) 바람 풍	(4) 단신	(50) 어제 작
(53) 느낄 감	(5) 공감	(51) 눈 설
(54) 향할 향	(6) 합성	(52) 화목할 화
(55) 따뜻할 온	(7) 주의	(53) 맑을 청
(56) 東海	(8) 특급	(54) 기다릴 대
(57) 民心	(9) 회계	(55) 돌이킬 반
(58) 草家	(10) 실례	(56) 國立
(59) 五色	(11) 번호	(57) 農民
(60) 生家	(12) 합반	(58) 同一
(61) 人力	(13) 양복	(59) 每日
(62) 日記	(14) 제목	(60) 山村
(63) 入學	(15) 각도	(61) 生活
(64) 弟子	(16) 고전	(62) 水面
(65) 火力	(17) 승자	(63) 市民
(66) 農家	(18) 반대	(64) 草木
(67) 同時	(19) 온풍	(65) 出生
(68) 文字	(20) 등고선	(66) 歌手
(69) 便紙	(21) 이과	(67) 空間
(70) 市立	(22) 구속	(68) 記事
(71) 午後	(23) 승전	(69) 家電
(72) 立場	(24) 고대	(70) 工場
(73) 電力	(25) 화합	(71) 來世
(74) 出動	(26) 번지	(72) 不孝
(75) 花草	(27) 집회	(73) 安全
(76) ⑥	(28) 고생	(74) 直前
(77) ⑦	(29) 대답	(75) 天然
(78) ④	(30) 의향	(76) ④
(79) ④	(31) 목례	(77) ②
(80) ①	(32) 체온	(78) ⑤
(81) ⑤	(33) 태반	(79) ⑤
(82) 흰 옷.	(34) 나눌 반	(80) ①
(83) 눈 앞. 바로 앞.	(35) 셈할 계	(81) ③
(84) ③	(36) 가르칠 훈	(82) 영원히 삶.
(85) ①	(37) 머리 두	(83) 따뜻한 바람.
(86) ②	(38) 옷 의	(84) ④
(87) ②	(39) 예절 례	(85) ②
(88) ②	(40) 과목 과	(86) ④
(89) ④	(41) 법 식	(87) ④
(90) ④	(42) 짧을 단	(88) ②
	(43) 몸 신	(89) ④
모의 한자능력	(44) 약할 약	(90) ③
검정시험 제3회	(45) 빠를 속	
	(46) 쓸 고	
(1) 풍악	(47) 놈(사람) 자	
(2) 병약	(48) 차례 제	
(3) 속독	(49) 이길 승	

1판 1쇄 발행 2009년 3월 24일
개정 3판 1쇄 발행 2023년 5월 31일

펴낸이 김영곤
마천사업본부 이사 은지영
기획개발 장영옥 김은진 조영진 김혜영
브랜드 마케팅 남정한
아동마케팅영업 본부장 변유경
아동마케팅1팀 김영남 황혜선 이규림 정성은 **아동마케팅2팀** 임동렬 이해림 최윤아 손용우
아동영업팀 한충희 오은희 강경남 황성진 김규희
제작 관리 이영민 권경민

펴낸곳 ㈜북이십일 아울북
출판등록 2000년 5월 6일 제406-2003-061호
주소 (우 10881) 경기도 파주시 회동길 201(문발동)
전화 031-955-2100(영업·독자문의) 031-955-2128(기획개발)
브랜드사업문의 license21@book21.co.kr
팩스 031-955-2177

ISBN 978-89-509-2351-8
가격은 책 뒤표지에 있습니다.

Copyright ⓒ 2009 by book21 아울북. All rights reserved.

이 책 내용의 일부 또는 전부를 재사용하려면 반드시 ㈜북이십일의 동의를 얻어야 합니다.
잘못 만들어진 책은 구입하신 서점에서 교환해 드립니다.

• 제조자명 : ㈜북이십일
• 주소 및 전화번호 : 경기도 파주시 회동길 201(문발동) / 031-955-2100
• 제조연월 : 2023.5.31
• 제조국명 : 대한민국
• 사용연령 : 3세 이상 어린이 제품

※ 모의 한자능력검정시험을 치른 후, 답을 이곳에 기재하세요.

수험번호 ☐☐☐-☐☐-☐☐☐☐ 성명 ☐☐☐☐☐
주민등록번호 ☐☐☐☐☐☐-☐☐☐☐☐☐☐

*유성 사인펜, 붉은색 기구 사용 불가.

*답안지는 컴퓨터로 처리되므로 구기거나 더럽히지 마시고, 정답 칸 안에만 쓰십시오.
 글씨가 채점란으로 들어오면 오답 처리가 됩니다.

제1회 한자능력검정시험 6급Ⅱ 답안지(1)

번호	정 답	1검	2검	번호	정 답	1검	2검	번호	정 답	1검	2검
1				14				27			
2				15				28			
3				16				29			
4				17				30			
5				18				31			
6				19				32			
7				20				33			
8				21				34			
9				22				35			
10				23				36			
11				24				37			
12				25				38			
13				26				39			

감독위원	채점위원(1)		채점위원(2)		채점위원(3)	
(서명)	(득점)	(서명)	(득점)	(서명)	(득점)	(서명)

※ 본 답안지는 컴퓨터로 처리되므로 구기거나 더럽혀지지 않도록 조심하시고 글씨를 칸 안에 또박또박 쓰십시오.

제1회 한자능력검정시험 6급Ⅱ 답안지(2)

답안란		채점란		답안란		채점란		답안란		채점란	
번호	정답	1검	2검	번호	정답	1검	2검	번호	정답	1검	2검
40				54				68			
41				55				69			
42				56				70			
43				57				71			
44				58				72			
45				59				73			
46				60				74			
47				61				75			
48				62				76			
49				63				77			
50				64				78			
51				65				79			
52				66				80			
53				67							

※ 모의 한자능력검정시험을 치른 후, 답을 이곳에 기재하세요.

수험번호	□□□-□□-□□□□	성명 □□□□□
주민등록번호	□□□□□□-□□□□□□□	*유성 사인펜, 붉은색 기구 사용 불가.

*답안지는 컴퓨터로 처리되므로 구기거나 더럽히지 마시고, 정답 칸 안에만 쓰십시오.
 글씨가 채점란으로 들어오면 오답 처리가 됩니다.

제2회 한자능력검정시험 6급Ⅱ 답안지(1)

답안란		채점란		답안란		채점란		답안란		채점란	
번호	정 답	1검	2검	번호	정 답	1검	2검	번호	정 답	1검	2검
1				15				29			
2				16				30			
3				17				31			
4				18				32			
5				19				33			
6				20				34			
7				21				35			
8				22				36			
9				23				37			
10				24				38			
11				25				39			
12				26				40			
13				27				41			
14				28				42			

감독위원	채점위원(1)		채점위원(2)		채점위원(3)	
(서명)	(득점)	(서명)	(득점)	(서명)	(득점)	(서명)

* 본 답안지는 컴퓨터로 처리되므로 구기거나 더럽혀지지 않도록 조심하시고 글씨를 칸 안에 또박또박 쓰십시오.

제2회 한자능력검정시험 6급 II 답안지(2)

번호	답안란 정 답	채점란 1검	채점란 2검	번호	답안란 정 답	채점란 1검	채점란 2검	번호	답안란 정 답	채점란 1검	채점란 2검
43				59				75			
44				60				76			
45				61				77			
46				62				78			
47				63				79			
48				64				80			
49				65				81			
50				66				82			
51				67				83			
52				68				84			
53				69				85			
54				70				86			
55				71				87			
56				72				88			
57				73				89			
58				74				90			

※ 모의 한자능력검정시험을 치른 후, 답을 이곳에 기재하세요.

수험번호 ☐☐☐-☐☐-☐☐☐☐ 성명 ☐☐☐☐☐
주민등록번호 ☐☐☐☐☐☐-☐☐☐☐☐☐☐

*유성 사인펜, 붉은색 기구 사용 불가.

*답안지는 컴퓨터로 처리되므로 구기거나 더럽히지 마시고, 정답 칸 안에만 쓰십시오.
 글씨가 채점란으로 들어오면 오답 처리가 됩니다.

제3회 한자능력검정시험 6급Ⅱ 답안지(1)

번호	정답	1검	2검	번호	정답	1검	2검	번호	정답	1검	2검
1				15				29			
2				16				30			
3				17				31			
4				18				32			
5				19				33			
6				20				34			
7				21				35			
8				22				36			
9				23				37			
10				24				38			
11				25				39			
12				26				40			
13				27				41			
14				28				42			

감독위원	채점위원(1)		채점위원(2)		채점위원(3)	
(서명)	(득점)	(서명)	(득점)	(서명)	(득점)	(서명)

* 본 답안지는 컴퓨터로 처리되므로 구기거나 더럽혀지지 않도록 조심하시고 글씨를 칸 안에 또박또박 쓰십시오.

제3회 한자능력검정시험 6급 II 답안지(2)

번호	정 답	1검	2검	번호	정 답	1검	2검	번호	정 답	1검	2검
43				59				75			
44				60				76			
45				61				77			
46				62				78			
47				63				79			
48				64				80			
49				65				81			
50				66				82			
51				67				83			
52				68				84			
53				69				85			
54				70				86			
55				71				87			
56				72				88			
57				73				89			
58				74				90			

(69) 요즘 나오는 가전제품들은 색깔이 다양하다.
(70) 저 공장에서는 자동차에 들어가는 부품을 생산한다.
(71) 종교를 가진 사람들은 내세가 정말 있다고 믿는다.
(72) 그는 아버지께 불효를 용서해 달라고 빌었다.
(73) 길을 건널 때에는 횡단보도로 건너야 안전하다.
(74) 그는 내가 도착하기 직전에 그곳을 떠났다.
(75) 나는 엄마가 손수 만들어 주신 천연 비누를 쓴다.

4 다음 漢字의 상대 또는 반대되는 漢字를 〈보기〉에서 골라 그 번호를 쓰세요. (76~78)

─〈보기〉─
① 大   ② 長   ③ 愛   ④ 今
⑤ 樂   ⑥ 作   ⑦ 藥   ⑧ 近

(76) 昨
(77) 短
(78) 苦

5 다음 빈칸에 알맞는 漢字를 〈보기〉에서 골라 그 번호를 쓰세요. (79~81)

─〈보기〉─
① 速   ② 遠   ③ 第   ④ 運
⑤ 勝   ⑥ 等   ⑦ 弟   ⑧ 行

(79) 百戰百( ) : 백 번 싸워 백 번 다 이김.
(80) 高( )道路 : 차가 빨리 달릴 수 있도록 만든 자동차 전용 도로.
(81) 安全( )一 : 안전을 제일 중요하게 여김.

6 다음 漢字語의 뜻을 쓰세요. (82~83)
(82) 永生
(83) 溫風

7 다음 漢字와 뜻이 비슷한 漢字를 골라 그 번호를 쓰세요. (84~85)
(84) 海 : ① 山 ② 江 ③ 洞 ④ 洋
(85) 永 : ① 短 ② 長 ③ 半 ④ 水

8 다음 漢字와 음이 같은 漢字를 골라 그 번호를 쓰세요. (86~87)
(86) 禮 : ① 醫 ② 式 ③ 度 ④ 例
(87) 弱 : ① 第 ② 習 ③ 發 ④ 藥

9 다음 물음에 답하세요. (88~90)

(88) 다음 漢字에서 ㉠으로 표시된 획은 몇 번째 획일까요?

① 두 번째
② 다섯 번째
③ 여섯 번째
④ 아홉 번째

(89) 다음 漢字에서 ㉠으로 표시된 획은 몇 번째 획일까요?

① 네 번째
② 다섯 번째
③ 여섯 번째
④ 일곱 번째

(90) 다음 漢字의 필순이 올바른 것은 어느 것일까요?

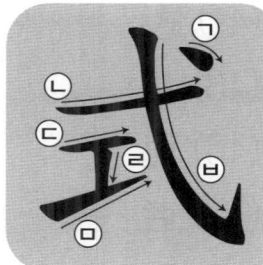

① ㄷ-ㄹ-ㄷ-ㄴ-ㅂ-ㄱ
② ㄴ-ㅂ-ㄱ-ㄷ-ㄹ-ㅁ
③ ㄴ-ㄷ-ㄹ-ㅁ-ㅂ-ㄱ
④ ㄴ-ㄷ-ㄹ-ㅁ-ㄱ-ㅂ

第3回 漢字能力檢定試驗 6級 問題紙

(시험 시간 : 50분)

※ 문제지는 답안지와 함께 제출하세요.

1 다음 漢字語의 讀音을 쓰세요. (1~33)

〈보기〉
漢字 → 한자

(1) 風樂　　(2) 病弱
(3) 速讀　　(4) 短信
(5) 共感　　(6) 合成
(7) 注意　　(8) 特級
(9) 會計　　(10) 失禮
(11) 番號　　(12) 合班
(13) 洋服　　(14) 題目
(15) 角度　　(16) 苦戰
(17) 勝者　　(18) 反對
(19) 溫風　　(20) 等高線
(21) 理科　　(22) 球速
(23) 勝戰　　(24) 苦待
(25) 和合　　(26) 番地
(27) 集會　　(28) 苦生
(29) 對答　　(30) 意向
(31) 目禮　　(32) 體溫
(33) 太半

2 다음 漢字의 訓과 音을 쓰세요. (34~55)

〈보기〉
人 → 사람 인

(34) 班　　(35) 計
(36) 訓　　(37) 頭
(38) 衣　　(39) 禮
(40) 科　　(41) 式
(42) 短　　(43) 身
(44) 弱　　(45) 速
(46) 苦　　(47) 者
(48) 第　　(49) 勝
(50) 昨　　(51) 雪
(52) 和　　(53) 淸
(54) 待　　(55) 反

3 다음 밑줄 친 낱말을 漢字로 쓰세요. (56~75)

〈보기〉
입구 → 入口

(56) <u>국립</u> 공원 안에서는 함부로 동물을 잡으면 안 된다.
(57) 비가 안 와서 <u>농민</u>들의 걱정이 매우 크다.
(58) 이 두 제품은 가격이 <u>동일</u>하다.
(59) 운동은 <u>매일</u> 꾸준히 하는 것이 중요하다.
(60) 저 산 너머에는 이십여 가구쯤 되는 작은 <u>산촌</u>이 있다.
(61) 할머니께서는 도시 <u>생활</u>을 힘들어 하신다.
(62) 큰 고래가 숨을 쉬기 위해 <u>수면</u> 위로 올라왔다.
(63) 몰래 쓰레기를 버리는 사람들은 <u>시민</u> 의식이 없는 것이다.
(64) <u>초목</u>이 한 달 사이에 빽빽이 자랐다.
(65) 그는 제주도에서 <u>출생</u>하여 평생을 거기서 살았다.
(66) 나는 <u>가수</u>가 되고 싶어 매일 노래 연습을 한다.
(67) 책장을 옮겨 침대가 들어갈 <u>공간</u>을 만들었다.
(68) 신문에 우리 학교에 관한 <u>기사</u>가 실렸다.

(69) 요즘은 편지 대신 이메일을 많이 쓴다.
(70) 아저씨는 시립 병원에 입원해 계신다.
(71) 오후에 한차례 소나기가 내렸다.
(72) 그 애 입장이 되어서 생각해 봐.
(73) 여름철에는 전력의 사용량이 크게 늘어난다.
(74) 사이렌을 울리면서 경찰차가 출동했다.
(75) 저 온실에는 처음 보는 화초들이 많다.

4 다음 漢字의 상대 또는 반대되는 漢字를 〈보기〉에서 골라 그 번호를 쓰세요. (76~78)

― 〈보기〉 ―
① 苦 ② 先 ③ 答 ④ 分
⑤ 大 ⑥ 新 ⑦ 弱 ⑧ 計

(76) 古
(77) 強
(78) 合

5 다음 빈칸에 알맞은 漢字를 〈보기〉에서 골라 그 번호를 쓰세요. (79~81)

― 〈보기〉 ―
① 省 ② 國 ③ 成 ④ 訓
⑤ 弱 ⑥ 大 ⑦ 強 ⑧ 藥

(79) (　)民正音 : 백성을 가르치는 바른 소리. 우리나라 글자를 가리키는 말.
(80) 一日三(　) : 하루에 세 번 반성함.
(81) (　)小國家 : 작고 힘이 약한 나라.

6 다음 漢字語의 뜻을 쓰세요. (82~83)
(82) 白衣
(83) 目前

7 다음 漢字와 뜻이 비슷한 漢字를 골라 그 번호를 쓰세요. (84~85)
(84) 等 : ① 高 ② 班 ③ 級 ④ 定
(85) 號 : ① 名 ② 各 ③ 生 ④ 番

8 다음 漢字와 음이 같은 漢字를 골라 그 번호를 쓰세요. (86~87)
(86) 科 : ① 和 ② 果 ③ 秋 ④ 頭
(87) 等 : ① 第 ② 登 ③ 答 ④ 發

9 다음 물음에 답하세요. (88~90)

(88) 다음 漢字에서 ㉠으로 표시된 획은 몇 번째 획일까요?

① 첫 번째
② 다섯 번째
③ 일곱 번째
④ 여덟 번째

(89) 다음 漢字에서 ㉠으로 표시된 획은 몇 번째 획일까요?

① 첫 번째
② 두 번째
③ 아홉 번째
④ 열 번째

(90) 다음 漢字의 필순이 올바른 것은 어느 것일까요?

① ㉠-㉡-㉢-㉣-㉤
② ㉠-㉡-㉣-㉤-㉢
③ ㉠-㉡-㉢-㉤-㉣
④ ㉠-㉡-㉢-㉣-㉤

第2回 漢字能力檢定試驗 6級 問題紙

(시험 시간 : 50분)

※ 문제지는 답안지와 함께 제출하세요.

1 다음 漢字語의 讀音을 쓰세요. (1~33)

― 〈보기〉 ―
漢字 → 한자

(1) 和音
(2) 病者
(3) 急速
(4) 戰死
(5) 風習
(6) 遠洋
(7) 交感
(8) 代身
(9) 太古
(10) 風聞
(11) 級訓
(12) 禮式
(13) 科目
(14) 半身
(15) 古代
(16) 反感
(17) 高級
(18) 合計
(19) 形式
(20) 弱體
(21) 頭角
(22) 作戰
(23) 國號
(24) 訓長
(25) 合同
(26) 不服
(27) 學科
(28) 面目
(29) 强大
(30) 後半戰
(31) 溫度
(32) 戰意
(33) 不和

2 다음 漢字의 訓과 音을 쓰세요. (34~55)

― 〈보기〉 ―
人 → 사람 인

(34) 集
(35) 合
(36) 番
(37) 高
(38) 題
(39) 永
(40) 洋
(41) 目
(42) 球
(43) 半
(44) 體
(45) 强
(46) 角
(47) 古
(48) 戰
(49) 待
(50) 今
(51) 勇
(52) 風
(53) 感
(54) 向
(55) 溫

3 다음 밑줄 친 낱말을 漢字로 쓰세요. (56~75)

― 〈보기〉 ―
입구 → 入口

(56) 우리나라의 동해에는 여러 종류의 물고기가 살고 있다.
(57) 임금이 궁궐에만 있으면 민심을 살피기 어렵다.
(58) 이 초가에는 사람이 살지 않는다.
(59) 대문 앞에는 오색 깃발들이 나부끼고 있었다.
(60) 강릉에 있는 오죽헌은 율곡 이이의 생가이다.
(61) 이번 홍수는 인력으로는 어쩔 수 없는 일이었다.
(62) 엄마의 어렸을 적 일기를 읽었다.
(63) 오빠는 중학교 입학 선물로 새 컴퓨터를 받았다.
(64) 오늘 학교로 선생님의 십 년 전 제자들이 찾아왔다.
(65) 이 전투용 헬리콥터는 막강한 화력을 갖췄다.
(66) 이곳의 농가들은 주로 송이버섯을 기른다.
(67) 전화와 휴대폰이 거의 동시에 울렸다.
(68) 피라미드에 있는 문자들은 그림으로 이루어져 있다.

4 다음 漢字의 상대 또는 반대되는 漢字를 〈보기〉에서 골라 그 번호를 쓰세요. (72~73)

― 〈보기〉 ―
① 行 ② 畫 ③ 面 ④ 體
⑤ 話 ⑥ 語 ⑦ 心 ⑧ 問

(72) 身
(73) 言

5 다음 빈칸에 알맞는 漢字를 〈보기〉에서 골라 그 번호를 쓰세요. (74~75)

― 〈보기〉 ―
① 弟 ② 戰 ③ 全 ④ 第
⑤ 前 ⑥ 有 ⑦ 川 ⑧ 海

(74) ( )一江山 : 경치가 제일로 좋은 곳.
(75) 山( )水( ) : 산에서도 싸우고 물에서도 싸움. 온갖 고난과 어려움을 다 겪었음.

6 다음 漢字語의 뜻을 쓰세요. (76~77)

(76) 分班
(77) 大洋

7 다음 물음에 답하세요. (78~80)

(78) 다음 漢字에서 ㉠으로 표시된 획은 몇 번째 획일까요?

① 다섯 번째
② 여섯 번째
③ 일곱 번째
④ 여덟 번째

(79) 다음 漢字에서 ㉠으로 표시된 획은 몇 번째 획일까요?

① 네 번째
② 다섯 번째
③ 여섯 번째
④ 일곱 번째

(80) 다음 漢字의 필순이 올바른 것은 어느 것일까요?

① ㉠ ㉡ ㉢ ㉣ ㉤ ㉥ ㉦
② ㉠ ㉡ ㉢ ㉦ ㉣ ㉥ ㉤
③ ㉠ ㉡ ㉢ ㉦ ㉣ ㉤ ㉥
④ ㉠ ㉡ ㉢ ㉦ ㉤ ㉣ ㉥

第1回 漢字能力檢定試驗 6級 II 問題紙

(시험 시간 : 50분)

※ 문제지는 답안지와 함께 제출하세요.

1 다음 漢字語의 讀音을 쓰세요. (1~32)

〈보기〉
漢字 → 한자

(1) 高音   (2) 美感
(3) 戰術   (4) 野球
(5) 本體   (6) 合席
(7) 老弱者 (8) 永遠
(9) 通風   (10) 信號
(11) 高等   (12) 集計
(13) 衣服   (14) 短身
(15) 古書   (16) 勇氣
(17) 風向   (18) 溫和
(19) 反省   (20) 禮服
(21) 頭目   (22) 速度
(23) 勝利   (24) 對等
(25) 生計   (26) 式場
(27) 身長   (28) 體力
(29) 向上   (30) 溫水
(31) 強行   (32) 音速

2 다음 漢字의 訓과 音을 쓰세요. (33~61)

〈보기〉
人 → 사람 인

(33) 永   (34) 洋
(35) 度   (36) 級
(37) 等   (38) 合
(39) 號   (40) 計
(41) 訓   (42) 反
(43) 題   (44) 頭
(45) 服   (46) 短
(47) 體   (48) 苦
(49) 集   (50) 待
(51) 今   (52) 勝
(53) 風   (54) 雪
(55) 感   (56) 和
(57) 向   (58) 弱
(59) 角   (60) 速
(61) 省

3 다음 밑줄 친 낱말을 漢字로 쓰세요. (62~71)

〈보기〉
입구 → 入口

(62) 복도에 휴지를 버렸다가 교장 선생님께 야단을 맞았다.
(63) 군인이 된 삼촌은 아주 늠름해 보였다.
(64) 세종 대왕께서는 학자들을 무척 아끼셨다.
(65) 그는 삼십 년 만에 모국을 찾았다.
(66) 이곳을 찾는 사람들은 하나같이 빼어난 산수에 감탄했다.
(67) 우리 담임 선생님은 영화배우처럼 잘생기셨다.
(68) 이 그림 속의 여인이 바로 모나리자이다.
(69) 나는 외삼촌이 세 분이나 된다.
(70) 한 중년의 신사분에게 학교로 가는 길을 알려 드렸다.
(71) 엄마는 이번에 학부형 대표로 뽑히셨다.

※ 〈6급-3 마법급수한자〉를 모두 공부한 다음에
가위로 잘라서 모의고사를 치르게 하십시오.

6급

한자능력검정시험 대비

모의 한자능력검정시험

아울북

모의 한자능력검정시험을 보기 전에 꼭 읽어 보세요.

1. 모의 한자능력검정시험은 〈6급-3 마법급수한자〉를 완전히 학습한 후에 실제 시험에 임하는 자세로 치릅니다.
2. 모의 한자능력검정시험 제1회는 6급Ⅱ, 제2회와 제3회는 6급을 기준으로 출제되었습니다. 6급Ⅱ는 80문제이고 6급은 90문제입니다. 시험 시간은 50분으로 같습니다.
3. 6급Ⅱ의 쓰기 문제는 8급 50자 범위 내에서 출제되고, 6급의 쓰기 문제는 7급과 8급 150자 범위 내에서 출제됩니다. 그 외에 문항 배분에서 약간의 차이가 있습니다.
4. 답은 실제 시험과 똑같이 이 책에 들어 있는 답안지에만 작성하세요.
5. 답안을 작성할 때는 꼭 검은색 필기 도구를 사용하세요.
6. 시험을 치른 후에는 꼭 채점을 하고, 애매한 답은 틀린 답으로 처리하세요.
7. 채점 결과에 따라 아래 표를 보고 자신의 실력을 평가해 보세요.

등급	6급Ⅱ 정답 수	6급 정답 수	평가	학습 조언
A	71-80	81-90	아주 잘함.	매우 훌륭합니다.
B	66-70	76-80	잘함.	비교적 훌륭합니다.
C	61-65	71-75	보통.	약간 부족합니다. 틀린 문제 중심으로 복습하세요.
D	60 이하	70 이하	부족.	아주 부족합니다. 처음부터 복습하세요.

※ 6급Ⅱ와 6급의 합격 점수는 각각 56점과 63점입니다.